心一堂術數古籍珍本叢刊

書名：《命學苑苑刊——新命》（第一集）附《名造評案》《名造類編》等
系列：心一堂術數古籍珍本叢刊　星命類　第二輯　143
作者：【民國】林庚白、張一蟠等
主編、責任編輯：陳劍聰
心一堂術數古籍珍本叢刊編校小組：陳劍聰　素聞　鄒偉才　虛白盧主

出版：心一堂有限公司
通訊地址：香港九龍旺角彌敦道六一〇號荷李活商業中心十八樓〇五—〇六室
深港讀者服務中心：中國深圳市羅湖區立新路六號羅湖商業大厦負一層〇〇八室
電話號碼：(852)67150840
網址：publish.sunyata.cc
電郵：sunyatabook@gmail.com
網店：http://book.sunyata.cc
淘寶店地址：https://shop210782774.taobao.com
微店地址：https://weidian.com/s/1212826297
臉書：https://www.facebook.com/sunyatabook
讀者論壇：http://bbs.sunyata.cc/

版次：二零一八年十一月初版
平裝

定價：港幣　一百七十八元正
　　　新台幣　六百九十八元正

國際書號：ISBN 978-988-8582-10-5

香港發行：香港聯合書刊物流有限公司
地址：香港新界大埔汀麗路36號中華商務印刷大廈3樓
電話號碼：(852)2150-2100
傳真號碼：(852)2407-3062
電郵：info@suplogistics.com.hk

台灣發行：秀威資訊科技股份有限公司
地址：台灣台北市內湖區瑞光路七十六巷六十五號一樓
電話號碼：+886-2-2796-3638
傳真號碼：+886-2-2796-1377
網絡書店：www.bodbooks.com.tw
台灣國家書店讀者服務中心：
地址：台灣台北市中山區松江路二〇九號一樓
電話號碼：+886-2-2518-0207
傳真號碼：+886-2-2518-0778
網絡書店：http://www.govbooks.com.tw

中國大陸發行　零售：深圳心一堂文化傳播有限公司
深圳地址：深圳市羅湖區立新路六號羅湖商業大厦負一層〇〇八室
電話號碼：(86)0755-82224934

心一堂微店二維碼

心一堂淘寶店二維碼

心一堂術數古籍 珍本 整理 叢刊 總序

術數定義

術數，大概可謂以「推算（推演）、預測人（個人、群體、國家等）、事、物、自然現象、時間、空間方位等規律及氣數，並或通過種種『方術』，從而達致趨吉避凶或某種特定目的」之知識體系和方法。

術數類別

我國術數的內容類別，歷代不盡相同，例如《漢書·藝文志》中載，漢代術數有六類：天文、曆譜、五行、蓍龜、雜占、形法。至清代《四庫全書》，術數類則有：數學、占候、相宅相墓、占卜、命書、相書、陰陽五行、雜技術等，其他如《後漢書·方術部》、《藝文類聚·方術部》、《太平御覽·方術部》等，對於術數的分類，皆有差異。古代多把天文、曆譜、及部分數學均歸入術數類，而民間流行亦視傳統醫學作為術數的一環；此外，有些術數與宗教中的方術亦往往難以分開。現代民間則常將各種術數歸納為五大類別：命、卜、相、醫、山，通稱「五術」。

本叢刊在《四庫全書》的分類基礎上，將術數分為九大類別：占筮、星命、相術、堪輿、選擇、三式、讖諱、理數（陰陽五行）、雜術（其他）。而未收天文、曆譜、算術、宗教方術、醫學。

術數思想與發展——從術到學，乃至合道

我國術數是由上古的占星、卜筮、形法等術發展下來的。其中卜筮之術，是歷經夏商周三代而通過「龜卜、蓍筮」得出卜（筮）辭的一種預測（吉凶成敗）術，之後歸納並結集成書，此即現傳之《易

經》。經過春秋戰國至秦漢之際，受到當時諸子百家的影響、儒家的推祟，遂有《易傳》等的出現，原本是卜筮術書的《易經》，被提升及解讀成有包涵「天地之道（理）」之學。因此，《易・繫辭傳》曰：「易與天地準，故能彌綸天地之道。」

漢代以後，易學中的陰陽學說，與五行、九宮、干支、氣運、災變、律曆、卦氣、讖緯、天人感應說等相結合，形成易學中象數系統。而其他原與《易經》本來沒有關係的術數，如占星、形法、選擇，亦漸漸以易理（象數學說）為依歸。《四庫全書・易類小序》云：「術數之興，多在秦漢以後。要其旨，不出乎陰陽五行，生尅制化。實皆《易》之支派，傅以雜說耳。」至此，術數可謂已由「術」發展成「學」。

及至宋代，術數理論與理學中的河圖洛書、太極圖、邵雍先天之學及皇極經世等學說給合，通過術數以演繹理學中「天地中有一太極，萬物中各有一太極」（《朱子語類》）的思想。術數理論不單已發展至十分成熟，而且也從其學理中衍生一些新的方法或理論，如《梅花易數》、《河洛理數》等。

在傳統上，術數功能往往不止於僅僅作為趨吉避凶的方術，及「能彌綸天地之道」的學問，亦有其「修心養性」的功能，「與道合一」（修道）的內涵。《素問・上古天真論》：「上古之人，其知道者，法於陰陽，和於術數。」數之意義，不單是外在的算數、歷數、氣數，而是與理學中同等的「道」、「理」--心性的功能，北宋理氣家邵雍對此多有發揮：「聖人之心，是亦數也」、「萬化萬事生乎心」、「心為太極」。《觀物外篇》：「先天之學，心法也。……蓋天地萬物之理，盡在其中矣，心一而不分，則能應萬物。」反過來說，宋代的術數理論，受到當時理學、佛道及宋易影響，認為心性本質上是等同天地之太極。天地萬物氣數規律，能通過內觀自心而有所感知，即是內心也已具備有術數的推演及預測、感知能力；相傳是邵雍所創之《梅花易數》，便是在這樣的背景下誕生。

《易・文言傳》已有「積善之家，必有餘慶；積不善之家，必有餘殃」之說，至漢代流行的災變說及讖緯說，我國數千年來都認為天災，異常天象（自然現象），皆與一國或一地的施政者失德有關；下至家族、個人之盛衰，也都與一族一人之德行修養有關。因此，我國術數中除了吉凶盛衰理數之外，人心的德行修養，也是趨吉避凶的一個關鍵因素。

術數與宗教、修道

在這種思想之下，我國術數不單只是附屬於巫術或宗教行為的方術，又往往是一種宗教的修煉手段--通過術數，以知陰陽，乃至合陰陽（道）。「其知道者，法於陰陽，和於術數。」例如，「奇門遁甲」術中，即分為「術奇門」與「法奇門」兩大類。「法奇門」中有大量道教中符籙、手印、存想、內煉的內容，是道教內丹外法的一種重要外法修煉體系。甚至在雷法一系的修煉上，亦大量應用了術數內容。此外，相術、堪輿術中也有修煉望氣（氣的形狀、顏色）的方法；堪輿家除了選擇陰陽宅之吉凶外，也有道教中選擇適合修道環境（法、財、侶、地中的地）的方法，以至通過堪輿術觀察天地山川陰陽之氣，亦成為領悟陰陽金丹大道的一途。

易學體系以外的術數與的少數民族的術數

我國術數中，也有不用或不全用易理作為其理論依據的，如揚雄的《太玄》、司馬光的《潛虛》。也有一些占卜法、雜術不屬於《易經》系統，不過對後世影響較少而已。

外來宗教及少數民族中也有不少雖受漢文化影響（如陰陽、五行、二十八宿等學說。）但仍自成系統的術數，如古代的西夏、突厥、吐魯番等占卜及星占術，藏族中有多種藏傳佛教占卜術、苯教占卜術、擇吉術、推命術、相術等；北方少數民族有薩滿教占卜術；不少少數民族如水族、白族、布朗族、佤族、彝族、苗族等，皆有占雞（卦）草卜、雞蛋卜等術，納西族的占星術、占卜術，彝族畢摩的推命術、占卜術……等等，都是屬於《易經》體系以外的術數。相對上，外國傳入的術數以及其理論，對我國術數影響更大。

曆法、推步術與外來術數的影響

我國的術數與曆法的關係非常緊密。早期的術數中，很多是利用星宿或星宿組合的位置（如某星在某州或某宮某度）付予某種吉凶意義，并據之以推演，例如歲星（木星）、月將（某月太陽所躔之宮次）等。不過，由於不同的古代曆法推步的誤差及歲差的問題，若干年後，其術數所用之星辰的位置，已與真實星辰的位置不一樣了；此如歲星（木星），早期的曆法及術數以十二年為一周期（以應地支），與木星真實周期十一點八六年，每幾十年便錯一宮。後來術家又設一「太歲」的假想星體來解決，是歲星運行的相反，週期亦剛好是十二年。而術數中的神煞，很多即是根據太歲的位置而定。又如六壬術中的「月將」，原是立春節氣後太陽躔娵訾之次而稱作「登明亥將」，至宋代，因歲差的關係，要到雨水節氣後太陽才躔娵訾之次，當時沈括提出了修正，但明清時六壬術中「月將」仍然沿用宋代沈括修正的起法沒有再修正。

由於以真實星象周期的推步術是非常繁複，而且古代星象推步術本身亦有不少誤差，大多數術數除依曆書保留了太陽（節氣）、太陰（月相）的簡單宮次計算外，漸漸形成根據干支、日月等的各自起例，以起出其他具有不同含義的眾多假想星象及神煞系統。唐宋以後，我國絕大部分術數都主要沿用這一系統，也出現了不少完全脫離真實星象的術數，如《子平術》、《紫微斗數》、《鐵版神數》等。後來就連一些利用真實星辰位置的術數，如《七政四餘術》及選擇法中的《天星選擇》，也已與假想星象及神煞混合而使用了。

隨着古代外國曆（推步）、術數的傳入，如唐代傳入的印度曆法及術數，元代傳入的回回曆等，其中我國占星術便吸收了印度占星術中羅睺星、計都星等而形成四餘星，又通過阿拉伯占星術而吸收了其中來自希臘、巴比倫占星術的黃道十二宮、四大（四元素）學說（地、水、火、風），並與我國傳統的二十八宿、五行說、神煞系統並存而形成《七政四餘術》。此外，一些術數中的北斗星名，不用我國傳統的星名：天樞、天璇、天璣、天權、玉衡、開陽、搖光，而是使用來自印度梵文所譯的：貪狼、巨門、祿存、文曲，廉貞、武曲、破軍等，此明顯是受到唐代從印度傳入的曆法及占星術所影響。如星命術中的《紫微斗數》及堪輿術中的《撼龍經》等文獻中，其星皆用印度譯名。及至清初《時憲曆》，置閏之法則改用西法「定氣」。清代以後的術數，又作過不少的調整。

此外，我國相術中的面相術、手相術，唐宋之際受印度相術影響頗大，至民國初年，又通過翻譯歐西、日本的相術書籍而大量吸收歐西相術的內容，形成了現代我國坊間流行的新式相術。

陰陽學——術數在古代、官方管理及外國的影響

術數在古代社會中一直扮演着一個非常重要的角色，影響層面不單只是某一階層、某一職業、某一年齡的人，而是上自帝王，下至普通百姓，從出生到死亡，不論是生活上的小事如洗髮、出行等，大事如建房、入伙、出兵等，從個人、家族以至國家，從天文、氣象、地理到人事、軍事，從民俗、學術到宗教，都離不開術數的應用。我國最晚在唐代開始，已把以上術數之學，稱作陰陽（學），行術數者稱陰陽人。（敦煌文書、斯四三二七唐《師師漫語話》：「以下說陰陽人謾語話」，此說法後來傳入日本，今日本人稱行術數者為「陰陽師」）。一直到了清末，欽天監中負責陰陽術數的官員中，以及民間術數之士，仍名陰陽生。

古代政府的中欽天監（司天監），除了負責天文、曆法、輿地之外，亦精通其他如星占、選擇、堪輿等術數，除在皇室人員及朝庭中應用外，也定期頒行日書、修定術數，使民間對於天文、日曆用事吉凶及使用其他術數時，有所依從。

我國古代政府對官方及民間陰陽學及陰陽官員，從其內容、人員的選拔、培訓、認證、考核、律法監管等，都有制度。至明清兩代，其制度更為完善、嚴格。

宋代官學之中，課程中已有陰陽學及其考試的內容。（宋徽宗崇寧三年〔一一零四年〕崇寧算學令：「諸學生習……並曆算、三式、天文書。」「諸試……三式即射覆及預占三日陰陽風雨。天文即預

定一月或一季分野災祥，並以依經備草合問為通。」

金代司天臺，從民間「草澤人」（即民間習術數人士）考試選拔：「其試之制，以《宣明曆》試推步，及《婚書》、《地理新書》試合婚、安葬，並《易》筮法，六壬課、三命、五星之術。」（《金史》卷五十一・志第三十二・選舉一）

元代為進一步加強官方陰陽學對民間的影響、管理、控制及培育，除沿襲宋代、金代在司天監掌管陰陽學及中央的官學陰陽學課程之外，更在地方上增設陰陽學課程（《元史・選舉志一》：「世祖至元二十八年夏六月始置諸路陰陽學。」）地方上也設陰陽學教授員，培育及管轄地方陰陽人。（《元史・選舉志一》：「（元仁宗）延祐初，令陰陽人依儒醫例，於路、府、州設教授員，凡陰陽人皆管轄之，而上屬於太史焉。」）自此，民間的陰陽術士（陰陽人），被納入官方的管轄之下。

至明清兩代，陰陽學制度更為完善。中央欽天監掌管陰陽學，明代地方縣設陰陽學正術，各州設陰陽學典術，各縣設陰陽學訓術。陰陽人從地方陰陽學肄業或被選拔出來後，再送到欽天監考試。（《大明會典》卷二二三：「凡天下府州縣舉到陰陽人堪任正術等官者，俱從吏部送（欽天監），考中，送回選用；不中者發回原籍為民，原保官吏治罪。」）清代大致沿用明制，凡陰陽術數之流，悉歸中央欽天監及地方陰陽官員管理、培訓、認證。至今尚有「紹興府陰陽印」、「東光縣陰陽學記」等明代銅印，及某某縣某某之清代陰陽執照等傳世。

清代欽天監漏刻科對官員要求甚為嚴格。《大清會典》「國子監」規定：「凡算學之教，設肄業生。滿洲十有二人，蒙古、漢軍各六人，於各旗官學內考取。漢十有二人，於舉人、貢監生童內考取。附學生二十四人，由欽天監選送。教以天文演算法諸書，五年學業有成，舉人引見以欽天監博士用，貢監生童以天文生補用。」學生在官學肄業、貢監生肄業或考得舉人後，經過了五年對天文、算法、陰陽學的學習，其中精通陰陽術數者，會送往漏刻科。而在欽天監供職的官員，《大清會典則例》「欽天監」規定：「本監官生三年考核一次，術業精通者，保題升用。不及者，停其升轉，再加學習。如能黽勉供職，即予開復。仍不及者，降職一等，再令學習三年，能習熟者，准予開復，仍不能者，黜退。」除定期考核以定其升用降職外，《大清律例》中對陰陽術士不準確的推斷（妄言禍福）是要治罪的。《大清律例·一七八·術七·妄言禍福》：「凡陰陽術士，不許於大小文武官員之家妄言禍福，違者杖一百。其依經推算星命卜課，不在禁限。」大小文武官員延請的陰陽術士，自然是以欽天監漏刻科官員或地方陰陽官員為主。

官方陰陽學制度也影響鄰國如朝鮮、日本、越南等地，一直到了民國時期，鄰國仍然沿用着我國的多種術數。而我國的漢族術數，在古代甚至影響遍及西夏、突厥、吐蕃、阿拉伯、印度、東南亞諸國。

術數研究

術數在我國古代社會雖然影響深遠，「是傳統中國理念中的一門科學，從傳統的陰陽、五行、九宮、八卦、河圖、洛書等觀念作大自然的研究。……傳統中國的天文學、數學、煉丹術等，要到上世紀中葉始受世界學者肯定。可是，術數還未受到應得的注意。術數在傳統中國科技史、思想史，文化史、社會史，甚至軍事史都有一定的影響。……更進一步了解術數，我們將更能了解中國歷史的全貌。」（何丙郁《術數、天文與醫學中國科技史的新視野》，香港城市大學中國文化中心。）

可是術數至今一直不受正統學界所重視，加上術家藏秘自珍，又揚言天機不可洩漏，「（術數）乃吾國科學與哲學融貫而成一種學說，數千年來傳衍嬗變，或隱或現，全賴一二有心人為之繼續維繫，賴以不絕，其中確有學術上研究之價值，非徒癡人說夢，荒誕不經之謂也。其所以至今不能在科學中成立一種地位者，實有數因。蓋古代士大夫階級目醫卜星相為九流之學，多恥道之；而發明諸大師又故為惝恍迷離之辭，以待後人探索；間有一二賢者有所發明，亦秘莫如深，既恐洩天地之秘，復恐譏為旁門左道，始終不肯公開研究，成立一有系統說明之書籍，貽之後世。故居今日而欲研究此種學術，實一極困難之事。」（民國徐樂吾《子平真詮評註》，方重審序）

現存的術數古籍，除極少數是唐、宋、元的版本外，絕大多數是明、清兩代的版本。其內容也主要是明、清兩代流行的術數，唐宋或以前的術數及其書籍，大部分均已失傳，只能從史料記載、出土文獻、敦煌遺書中稍窺一鱗半爪。

術數版本

坊間術數古籍版本，大多是晚清書坊之翻刻本及民國書賈之重排本，其中豕亥魚魯，或任意增刪，往往文意全非，以至不能卒讀。現今不論是術數愛好者，還是民俗、史學、社會、文化、版本等學術研究者，要想得一常見術數書籍的善本、原版，已經非常困難，更遑論如稿本、鈔本、孤本等珍稀版本。在文獻不足及缺乏善本的情況下，要想對術數的源流、理法、及其影響，作全面深入的研究，幾不可能。

有見及此，本叢刊編校小組經多年努力及多方協助，在海內外搜羅了二十世紀六十年代以前漢文為主的術數類善本、珍本、鈔本、孤本、稿本、批校本等數百種，精選出其中最佳版本，分別輯入兩個系列：

一、心一堂術數古籍珍本叢刊

二、心一堂術數古籍整理叢刊

前者以最新數碼（數位）技術清理、修復珍本原本的版面，更正明顯的錯訛，部分善本更以原色彩色精印，務求更勝原本。并以每百多種珍本、一百二十冊為一輯，分輯出版，以饗讀者。

後者延請、稿約有關專家、學者，以善本、珍本等作底本，參以其他版本，古籍進行審定、校勘、注釋，務求打造一最善版本，方便現代人閱讀、理解、研究等之用。

限於編校小組的水平，版本選擇及考證、文字修正、提要內容等方面，恐有疏漏及舛誤之處，懇請方家不吝指正。

心一堂術數古籍 珍本 整理 叢刊編校小組

二零零九年七月序

二零一四年九月第三次修訂

新命

第一集

復園

編者言

命的界說，包含「天擇」和「人競」兩端．換一句說，就是：人力奮鬬成敗的影象，受著天然律潛勢力的支配，所造成的狀況與結果．這種搆造和毁壞不可思議的勢力．不但世界上只是人類在他操縱之下呢！我國古代研究「命」學的，大都帶有神秘的色彩，和迷信的臭味．所以弄得極富哲理的國學，到如今還不見發達昌明咧．本苑組織成立半年以來，大家用革命的手段，實事求是的精神，科哲學式的方法，來研究，整理，和改革發明．現在編成了這本書．不敢誇口，說是已經有怎樣的創發和成績．但自許得是革新命學期的前敵衝鋒了．希望大家同志們，加入前線，做我們的生力軍！

命學苑苑刊

新命

第二集

▲目錄

▶名造評案◀

▶文苑◀

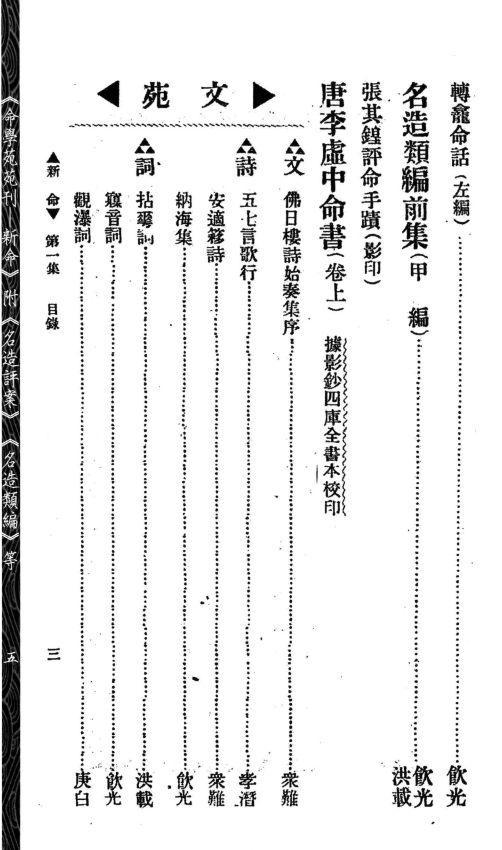

命學苑啟事

本苑本研究五行高深命理之宗旨、組織而成、係學會討論性質、故本苑苑員、皆至少有普通命學程度、數月以來、外界同志有認爲星命學校、函請入苑授課者、未免誤會、殊爲抱歉、現本苑不日編著五行命學研究法一書、由淺入深、門徑瞭然、凡同志有意研究者、請先讀此書、遇疑問不解之處、亦可通函討論也、

其命維新

康有為

居易以俟

孝胥

溫故知新

程源銓

本苑名譽苑長程霖生先生

本苑創立人

林庚白君

本苑創立人

洪震修君

本苑創立人

李欽光君

本苑創立人

李洪載君

▲發刊辭▼

夫「新命」之義。何自昉乎。書曰。「周雖舊邦。其命維新。」經曰。「不知命無以爲君子。」又曰。「知命者不立於巖牆之下。」凡所謂命蓋兼道與器而言者非僅僅「樂天知命。」之命。所得而盡也。故命之界域。自有其廣義。必欲以狹義囿之。淺矣。形而上之哲學與形而下之科學。皆當在命之界域。列子有力命篇。似明其旨。實則多舛。何者。力之所至。即命之所至。宇宙間一切事物。莫能外乎力之操縱。亦莫能外乎命之操縱。其致一也。惜列子未之知耳。今之持唯物論者。以物質爲社會重心。殊不知與言物質。猶諸言命。何者。吾儕之所謂命。力在其中。物質之作用。力之作用而已。豈僅如中國古代學說所謂。「樂天知命」。止於唯心之義哉。此必以廣義言命者也。比又「新命」之所由作也。曷觀乎洪爐之炭。投於江河則滅。楮人之刀。施諸巨木則傷。水盛而火自焚。木強而金反缺。力有不敵也。往者孔孟傳統之學說。以一定之旺弱生尅言五行言命。皆昧於此義。知其常而不知

命學苑創立宣言

合朋立苑。以講研推步祿命之學。前未有也。推步祿命其學根於五行。唐宋以來。作者繼起。各有創發法亦大備。顧皆孤心獨詣。閉戶自私。人習故步。自封之陋士。無羣學公開之倡。漸於末世。流品日淆。市井瞽巫。操爲乞食之技。展轉附會。言不雅馴。衆說猥雜。精理眞意。愈不可見。學者士夫。益鄙夷之。寡復研攷。道以非人而日晦。於是孕玄蘊哲之學。遂駸駸焉幾一墜而無闡發昌明之勢矣。晚近學者。競言革新。而世界進化之序。新恆勝舊。乃新舊亦互爲循環。以歲時言。日月之代謝。寒暑之推遷。以人事言。自誕生至於少壯自老病死以復於生。皆舊而新者。亦皆新舊互爲循環者。惟五行之學。實含毓而貫通之。五行者。能該萬端之變。合與宇宙相終始者也。積五行而成宇宙。與合數類氣體而爲水質。其理一也。淺者或謂五行之說根本疑問。與科學相衝突。此殆誤執孔孟傳統之學說以概五行。非深洞五行原理之論也。五行之用顯於生尅氣化。化學原子之化合。固根於生尅氣化之一理也。動植物學飼蓄種樹之方。礦冶工程學採金發電之術。皆與五行生尅氣化之作用不可須臾離。則五行者與科學固無抵牾衝突。且深自維繫造次不離者也。凡五行互生皆互尅。互尅亦皆互生。此又最洽於科學之義者。初非一成無變也。五行之說。濫觴於易傳。薪於禮。錯綜於諸子百家。後之學者。不蔽於附會穿鑿。則失於膠柱刻舟。蓋能抉其元握其要通其變者寡矣。夫周易首乾。而載藉所詔天圓地方。又家絃而戶誦。然天非有機體者。一太虛積氣耳。原其初旨。殆以學理遷就一時之制度。以神其宗法社會之信仰。所謂君臣父子兄弟夫婦之義也。夏連山。商歸藏。皆首坤。坤爲地球。吾國古昔之學說文化。實與今之科學枘鑿相通。此不足拘於一時傳統之說。非難五行。尤可徵也。以歷法言。今之陽歷正月第一日。卽爲陰歷冬至後十日。冬至屬於子月。至後日又躔丑。揆諸殷正建丑。周正建子之義。若合符節。夏之時建寅。則迥焉不同。蓋禹貢九州幅員所覆。止於中部數省及東北近地。今之滇粵閩浙。皆昔稱蠻夷甌越之邦者。南疆氣化。治厤者漫不復稽。此亦古人壘守一時一隅之見。以言五行之蔽誤也。抑宇宙之大。品類之繁。惟自然界之變化無可抗而勝也。天有風雨晦明。地有山川原隰。人有飲食疾疢。皆自然界之變化也。科學雖日精。物質文明雖日富。非有相當之量。一定之期。欲求於自然界之變化有所制裁。且所難能更進而消滅之。又無論矣。五行之學。所以研索自然界之變化者也。則謂五行足以涵孕科學。亦豈奢論。往哲言五行。止於唯心之理。今者吾儕更廣爲唯物之義。體之於行。驗證之以事類。舉科學之精神。闡五行之眞理。方將發揮光大以成革故鼎新之學。非僅以覘人命吉凶禍福之末焉而已。易曰。麗澤兌。君子以朋友講習。又曰。勿疑朋盍簪。夫知也無涯。惟集思而廣益。學如觀海。豈孤棹以窮源。敢爰麗澤之爻。用竢盍簪之雅。良朋有志。願請益焉。

▲甚麼叫做「命」?

庚白

甚麼叫做命?這一個問題,大概在幾千年以來,宗法社會制度下的中國,從沒有人討論過。記得前幾天有許多朋友問我,拿你這麼一個新思想家,何以會「迷信」這個?又記得一天晚上,有個朋友說,星命的學問,這幾千年以來能彀還存在,自然有他的學理。這兩說是錯的。根本上「命」這一件東西,就不是「迷信」兩個字能彀抹殺的。他的本身很有眞正的價值。可是這幾千年以來,所以然能彀存在!到並不是因爲他本身的價值,已經爲大家所認識。實在有別的原因。我在下面慢慢地來講。現在先就研究「命」,不是「迷信」這一點說!我們不得不提出「甚麼叫做命」?這一個問題來了。在命學苑的宣言書同「新命」的發刊詞裏面,我也曾約略的說過「命」的眞正意義。一定要用廣義來解釋才對。因此我才覺得命學有討論之必要。從前的人們解釋這個「命」,多半限於狹義。就是許多書上關於「命」的解釋,也往往矛盾。於是「命」的界說,既然不能彀確定:漸漸地變成十分的蹋踳,被人們看做一種「迷信」。至多也不過說是玄學一類。這個原因,由於人們沒有澈底認識「命」的眞正意義,跟他的價值。所以總當是神妙不可思議的一件東西．依我個人觀察，斷不是這樣，有甚麼理由呢？「命」的一個字，本來包涵有狠多意思，隨着用的場合而變化．可是要槪括地說也未嘗不可以下個定議，現在照普通的用語而論，先要分做幾個解釋！

第一，性命之命，這一個「命」字，就是「本分」的意思．易經上所說的「樂天知命」，通鑑上所說的「安身立命」全是．

第二，壽命之命，這一個「命」字，就是生存的意思．論語上的「回也不幸短命死矣」，唐詩上的「關張無命復何如」全是．

第三，使命之命．這一個「命」字，就是「命令」的意思．易經上「重巽以申命」，書經上「周雖舊邦其命維新」全是．

第四，運命之命，這一個「命」字，裏面不只一種的意思．可以當做「機會」解釋，如「居易以俟命」，「知命者不立於巖牆之下」之類．可以當做「權位」解釋．如「我生不猶命在天」「君相能造命」之類也．可以當做「環境」解釋．如「紅顏薄命」「有文無命」之類全是．

歷來所相傳的星命之學，大概兼有第二同第四兩層的意義．拿普通的眼光來看，除了「權位」

以外，那些「生存」「機會」「環境」統統是一半由於人爲，一半由於天然的。他們認爲既然一半由於天然，只好說是神妙不可思議了。所以「命」一件東西，大家都在「莫明其土地堂」。甚至於唐朝制定命書的呂才也有一句話：是「長平降卒，曷嘗共犯三刑。南陽貴人，未必盡逢六合。」因爲了這個「修德以禳之」的道德論，就跟着產生而變本加厲之極，那些太上感應篇，陰騭文，那些同善社乩壇。我們也就「至今受其賜了」。所以現在的人們，一談到「命」，反對的當然罵他「迷信」，「封建思想」。就是贊成的，也還在懷疑：到底命是一件甚麼東西？甚麼叫做命？

寫到這裏，我就要開章明義，拿出我的廣義解釋，來下「命」的定義了。大家要問命是一件甚麼東西？甚麼叫做命？我只有一句話回答：命就是現象。大凡一種現象，是跟着一種力量而變化的。力量的作用，又是跟着一種物質而發生的。所以「命」並不是一種不可思議的東西，而狠有「知」之可能。

我這一段理論，有甚麼根據呢？命這一件東西，是建築於五行基礎之上的。五行是一種物質。儒家所謂「金木水火土」，同科學家所謂「輕氣養氣燐質炭質石灰質」等等，名目雖然是兩樣，數量雖然是兩樣，實質是一樣的．所以拿五行來代表世界上的物質，就跟拿七十多種元子來代表世界上物質，其結果準會相同．大家如果拘泥於宗法社會制度下的傳統學說，要死板的說：五行生尅旺弱是一定不變的，那自然不對．我們所主張的五行，可就不然．並不是一定不變的，是在相當的力量之下，隨着時間跟空間而變化的．像這種物質律的原則，五行既然是一種物質怎麼能夠除外．我們現在拿實驗來說：水不是尅火嗎？照古人死板的說法，可是有時候火也能尅水．不但火可以尅水，有時候水也能生火．你只看！一茶杯的水，倒在爐竈裏面，馬上滅了．這就是火也能尅水的憑據．而所以然能尅．兩下力量太差多了．發電鍋的水，要沒有電，燈怎麼會亮！這就是水也能生火的憑據．而所以然能生，兩下的力量恰好相稱啊．再說一個比方，金不是尅木，木不是尅土嗎．可是有時候金也可以生木，土也可以生木．並不相尅．你只看！我們要造成一根柱子，或是門檻，或是其他的器具．沒有刀子斧頭，是不成功的．一切的植物，要使他長大，沒有土來栽培他們，也是不成功的．不都是金生木土生木的憑據嗎？而所以照這樣，也明白是力量上作用的關係．那末我所主張的五行．誰能夠來否認！在這個地方，就可以證明命學有討論之必要．所以我們要知道五行底道理，才知道「命」的眞正意義和價值．要不然，光照舊古人死板的說法，無怪乎得了「迷信」的頭銜了！

至於「命」這一件東西，何以幾千年以來還能彀存在？這一層原因，也狠容易明瞭的．簡單說：只有兩個的原因．一個是因爲中國是宗法社會制度的國家．而宗法社會制度的國家，是以君權爲基礎的．君權還在父權夫權之上．古人說的：「全忠不能全孝」就是這個理由．這雖然與本題無關，可是就這一點上君主要擁護他的權，提高他的權，除了一切的道德法律政治的方法以外，還怕他不彀．於是就利用「命」來欺騙一般的民衆．所謂「天命有歸」，所謂「眞命天子」，好讓這些老百姓死心踏地的服從他．中國的君主一天沒有消滅，當然「命」也一天能彀存在．一個是因爲人類的慾望，全是不能彀滿足的，特別是中國人的升官發財底思想，一個比一個發達．希望快升官，希望快發財，而沒有絕對的把握．固然要來相信「命」．就是普通的人們，有一種目的，或是受了一種環境的壓迫，不能彀抵抗．換一句話說，或是因爲等待「機會」，或是因爲應付「環境」，都要來相信「命」．這由於一般人的自信力，過於薄弱．才有這一個現象．這些年的中國君主是沒有了．相信「命」的倒更多，全是屬於後一個原因，由前一個原因說，是政治上人物一種手段的作用．由後一個原因說，是社會上人類一種精神上的安慰．幾千年以來「命」的能彀存在，不外乎此．倒並不是因為他的本身價值已經為大家所認識．我這個斷案，大概不會錯了！

一定有人來問我：旣是這麼說，那命運的好壞，以甚麼為標準呢？我說：這狠簡單的．一時的主觀以為好的，就是好運．一輩子的主觀以為好的就是好命．比方「甲」要做政治家，能彀得到政權，自然是好命．「乙」只想做文學家，能彀在文學界上享了大名，也就是好命．不然只好算壞命．再比方：今年我想住在上海，能彀如願，自然亦是好運．明年想到歐洲去，能彀如願，也就是好運．不然就是壞運．所以命運的好壞，只問主觀的滿足或是不滿足，不要問客觀．並不一定以升官發財為好壞．像這樣的想，怎麼會沾染了封建思想呢？

一定又有人來問我：為甚麼五行同人類的「命」，會發生關係？我說：這也很明顯的比方．一個小孩在寒帶生的，跟在熱帶生的，長生出來的體格，一定不同．因為甚麼呢？所受的氣候兩樣．氣候就是五行的作用．再比方一個肺病的人，用空氣療養，一定會好些．一個好好的人，頂冷天氣，擱在大雪當中，一定會凍死．因為甚麼呢？所感的物質兩樣．物質也就是五眞的作用！

就是有一層，物質的範圍太大，變化也太多，雖然近世紀以來，科學十分發達，還有好些不能彀認識的。像金星裏面到底有人類沒有？至今找不出一個肯定的答案，那末「命」的道理，就是有難於解答之點，也不過由於人類的智力不彀・同前一個問題一樣・怎麼可以「因噎廢食」，硬把他抹殺呢？請大家平心靜氣地想一想！

出版預告

奪精集

李欽光李洪載著

李君兄弟既合著名造類編。復將編內名人造命。依類逐次一一推評。撰爲評案。共約千餘章。都十餘萬言。定名奪精集。蓋反遷史賈誼夫卜而有不審不見奪精語意。示謙抑也。集中抒述學理。精邃詳明。見解既高闡發尤夥。而文字斐然典雅。迥非世俗庸陋之流所堪同語。一俟全書脫稿。卽由本苑審定印行。凡讀名造類編者。不能不兼讀此集。以爲學理參究之材料也。

命學原理

●命的略歷

一　蟠

▲一　干支的來由

▲二　干支的變動

▲三　干支的現象

一　干支的來由

要追本窮源說起來，五行本是陰陽二氣的變體．當恆星與行星，未凝結的時候，本是狠混沌的．後來經着陰陽氣的激蕩，熱氣凝結，冷氣收縮，熱的凝結爲恆星，行星，其他遊星．冷的浮爲清氣，而成天地既闢的初步！

陰陽既激蕩而成天地，則陰陽本體，亦分析而爲五行．所以天空行星，都是五行集合而成的．五行是什麼？當然是，水火土金木．這是按照天文學理，研究的次序．因爲有了水火，相激蕩而成土，土然後生金木的原故！

由此推測起來，天空行星，既是五行結合的．則五行亦非我們地球上所獨有，凡天空行星皆有的．如此，則知其他的行星，亦必有大同小異的變化，也有人類和組織建設了！所以天文家也承認，火星和金星裏有人類，因爲距離太遠，未研究出來眞憑實據罷了！地球以外的事，狠不容易推測的，卽能推測出來，人們亦未必相信，所以沒有推測的必要！

陰陽既激蕩而生五行，結成行星，分出天地．則因五行本體，含着陰陽兩種性質，至是則分拆，而爲陽五行，陰五行．譬如金木水火土，金有陽金陰金，木有陽木陰木的．因這個原理，我國的先覺，就替他定了名稱，叫做「甲乙丙丁戊已庚辛壬癸」十干．關於陽木的名甲陰木名乙．這十種名辭，不過是陰陽五行的代表罷了！由此，五行既分拆而爲十干，地球上的變態，也是受着十干鼓動的．所以十干在地面的天空爲天文，在地殼上爲地文，在人類中爲人文．現在將他報告出來！

十干	天	地	人
甲……	風……	森林……	雷

乙	烟[illegible]	田園	賢
丙	日	火山脈	惡
丁	電	石炭礦	劣
戊	雲	山嶽島嶼	庸
己	瘴	沙漠	愚
庚	月	金屬礦脈	平
辛	星	珍品產地	善
壬	雨雪	海洋	才
癸	露霜	江湖	智

以上的規定，也有前人說過的，也有用現在的，新思想規定的！雖然具着充分與理由，不過解說出來，要費一番唇舌，所以從簡．明白這裏底蘊的人，當然要默許的了！

自有十干之後，動物初生長出來，天地人三才，纔算有個判別．那時人類和獸類兩相混雜，因生存的關係，以至相殘殺以食．成了人獸相爭的時代！結果，人類占了勝利．這勝利的原因，無非是五行相人獨深，相獸獨淺罷了！所以人能合羣，獸不能合羣！

人獸的戰爭，無非是十干在那裏變動，所攪出來的．所以在戰爭以後，他便互相凝聚，沈落於地表，分布於各方．因此我們的先覺，就替他定了名稱，叫做「子丑寅卯辰巳午未申酉戌亥」十二支．這種名稱，亦不過是，十干凝聚的代表罷了！為什麼十數，凝聚成十二數呢？因為支數，亦是有陰陽的．陰陽既凝干而成支，多出來的兩數，卽是庫藏陰陽的本位．所以認定這兩數，一是辰，一是戌．辰戌是水火庫，水火卽是陰陽，水火相激蕩而生土，前人稱他為天門地戶．一定是用這種原理，做根據的！為何！陰陽在十干上，沒有庫藏的本位，在十二支上，反多出陰陽的庫藏？簡單答復一句，就是清輕上浮的，無庫藏，重濁下凝的，有庫藏．所以陽性的，木火土凝結，成了寅支，其他的，也凝結了其他的支宮．但是其他支宮，是陰對陰，陽對陽凝結的，辰戌兩宮却是陰陽俱全，這就是，十干生出十二支的原理．因為十干，凝結了十二支，十干的本體，幷不消除，纔攪出人同天爭的事故……

在十干凝結十二支的時候，已到了人同獸爭的末日，到了人同天爭的時代．這時代，又叫神權時代，用我國歷史，推測起來．是在周紀以前的，所以唐堯，有九年的水患，商湯有七年的旱災・幸而舜出來治水，湯出來禱雨，水利方能調和・這種人與天爭的禍端，當然是，干支變化和衝突，擾出來的了！

二　干支的變動

在人同獸爭，是未開化的時期，人同天爭，是已開化的時期・這開化的原因，固然是，天氣的不調和，人類時常被他蹂躪，又沒力量去反抗，祇能力求避免，因這，纔能增進他的智識，而至開化的第一步！但是干支不在那變動，做一切的，主動力，也是不能促進他的天演，助理他的進化・所以我狠信任，世界的進化，都是陰陽，五行，干支，操縱的：操的主力，就是變動……這變動頭緒狠多，不是短時間可以解釋的・現在將最顯明，大家都知道的，解釋出來，就可以知道，干支促成進化的原理了！

天干五化與天文的關係！

甲己化土爲……雲

甲是風，己是瘴，風吹瘴氣成雲……

乙庚化金爲……月

乙是烟，庚是月，烟月相映，愈見美麗，而不失月的光采．

丙辛化水爲…露

丙是日，辛是星，日星卽是晝夜，晝夜的氣候混合，卽生露，所以露生在子時，子時是日夜代謝的時候…

丁壬化木爲…雷

丁是陰火，壬是陽水，水火的衝突，卽是陰陽的摩擦，陰陽摩擦，發聲卽是…雷

戊癸化火爲…霞

戊是雲，癸是雪，雪原體是雨，所以雨晴後，雲成…霞

以上的五化，甲己同乙庚，是無變體的．丙辛，丁壬，戊癸，是有變體的．所以甲己化雲，乙庚化月，依然還是天干的定位…

地支六冲與地文的關係…

寅申爲地軸衝…

寅申是陰陽的兩端，爲地球的地軸．地軸假設於南北極的兩端，則其傾斜，至二十三度半

，成六十六度半的交角．設以手掌，當地球像的後面，則其傾斜，却在寅申宮裏．如此，可知地軸的傾斜，是寅申衝動的了！

卯酉爲東西衝……

東西兩大陸的，不相聯，是卯酉衝的緣故……

子午爲南北衝……

六衝裏最激烈的，要算是子午了！天空的陰陽變化，人間的南北戰爭，都是子午衝的緣故．最顯明的是，地球北部陸多，南部水多，這水陸不平均的緣故，當然是子午衝動的所致了！

巳亥爲水旱衝……

巳是火土建祿處，亥是水建祿處，又是木長生處．土木是田疇，當水火旺極相衝的時候，自然有水旱的災患了！

辰戌爲庫藏衝……

辰戌是水火的庫藏，水火衝突，庫藏當然爆的，所以地面上，常有火山的爆發，及蛟水地陷的災患……

丑未爲礦脈衝……

丑是金屬的庫藏，未是煤類的庫檢，（煤原質是木）煤鐵是世界，唯一的必需品．因丑未衝突的緣故，所以金器可以採煤，煤也可冶金的，因此纔能爲人取用……

以上的解繹，寅申，卯酉，子午，是構造地面的．巳亥，辰戌，丑未，是變化地面的．雖然解說的簡單可知支宮同地文，是有密切的關係了！

支宮六合與物理的關係……

寅亥化木爲植物

植物的生長，是土培的，火曝的，水滋的：寅亥宮裏，藏着土火水，所以是木的建祿處，及長生處，相化爲植物，是當然的了！

卯戌化火爲木炭

乙木放在火庫裏，即是木柴放在窰裏，當然要燒成木炭了！

辰酉化金爲鑛物

五金的原質，不外是木土的精華．埋在土裏，因生水的原故，所以他不堅固，必須經過一番的融洽，纔能成他的本體．這也是，辰酉相化，無火氣的緣故⋯⋯

申巳化水爲鹽鹺

水長生在申，火建祿在巳，所以太陽曬海，就可以成鹽．鹽的形容，犯金土的嫌疑，這也是申巳宮，金土旺的緣故．若是用巳爲火爲竈，申爲釜爲水，鹵水亦可以成鹽！

午未合火爲石炭

森林崩陷到土裏，經過千百年後，就腐化爲石炭了！森林是甲木，甲木死在午，庫在未，所以他遇着午未的混合，就崩陷埋沒了：而且午未裏土是狠重的，火是狠旺的，所以石炭形是土，質就是合成的烈火⋯⋯

子丑合土爲陶器

陶器是水土混合的，不過要經過一度的燃燒，纔可以成就，這也是子丑未帶着火氣的緣故，所以要經過人工的燒燎⋯⋯

以上的化合，是人類的必需品，所以辨說出來，可知世界上的萬物，是有來由的了！

三刑與三要的關係……

寅刑巳巳刑申，乃得火食……

寅中的甲木，生巳中的丙火，巳中的丙火，生申中的戊土，遞生爲食神．所以寅爲柴爲火，巳爲火爲爐，申爲爐爲釜，食具乃備．寅刑巳則火燃，巳刑申則釜炙，煙火乃起．寅爲柴，巳爲油，申爲湯，五味乃調……

丑刑戌未刑辰，乃有家居……

辰戌丑未本是土旺地，所以庫藏五行的，在人類未開化的時候，穴居洞處，起居飲食都在洞裏，及至四庫刑開，建築材料都能取用，乃知構造家居．所以土裏藏五行，也同家室裏，居住人一樣的！

子刑卯卯刑子，乃有衣服……

桑棉苧麻，本是乙木的一種，以水力生長的，雖然製成衣服，可以章身，但是有了汚跡，必定要洗的．洗多了，水浼衣損，則成爲相刑了！而且衣服是禦寒的，由子月到卯月，都在寒的時候．所以子月則添衣，卯月減衣的，子卯的氣候是這樣，所以成了相刑的趨勢……

辰午酉亥自刑，乃增耗用……

以勞苦的錢，在安樂上用去，雖然得着快愉，但須受過勞苦。如此，不如不貪快愉，也免得勞苦爲上了！人們不知如此，還說苦處賺錢，樂處用，這眞是無異自刑了！

人類在未開化的時候，本是穴居洞處，食肉寢皮的，因爲干支經過了，冲合刑害（變動的定名）之後，人類纔能開化，温飽起居，纔能調劑得宜，所以三刑一變而爲三要。然未開化的時候，生活甚爲簡單，身體雖有漁獵的勞苦，精神幷無爭鬬的憂念，及至開化愈近，生活愈繁，衣食住以外，又添出用耗的擔負。所以士農工商，鬬智鬬力，前仆後繼。勝的，精神耗散，敗的，身家毀敗。所爲何來？無非是，因爲進化，增加他們擔負的緣故，所以他們要竭力的，去和環境奮鬥。這種奮鬥就是用他的，體力和精神，去求他的，生存，快愉，和希望。結果，合世界上的人去比較，得良好結果的，能有多少呢……所以我說三要的利人，等於禍人，這也就是三要又一變而爲三刑的緣故。三要三刑既沒有分別，也同苦樂沒有分別的一樣

六害與六親的關係……

子未相害爲君臣……

這君臣是賓主的意思，不是帝國主義中的名辭，所以要預先聲明的．子是衆陽的首領，當然可以爲人主了！子中的癸水，旣可以生未中的乙木，也可以制未中的丁火．子對於未，有生殺的主權，也同賓依主爲生活的一樣．雖然如此，但未中有土猥厚，如被壓迫過甚，則反抗必起的……

寅巳相害爲父子……

寅得東方的旺氣，爲一歲的首領．寅至則萬物生長，所以非特是人的父，亦萬物的父了！寅生巳中丙火爲子，丙受蔭，則生戊土爲寅的財以報．但是巳中的戊土，不夠寅木的苛求，必定成了相害的趨勢……而且寅巳相刑爲飲食，父子本是相依爲生活的……

卯辰相害爲兄弟……

卯辰同是乙木的旺地，辰內藏的水土，也同是乙木的印財，當然是兄弟了！然則木旺水竭，如兄弟旺盛，父母死了！辰宮的財庫，當然被兄弟朋分．但是辰中的乙木，獨據辰中的印財，以父母的財產爲私有，卯中的乙木，自不甘心，爭端必起了！

丑午相害爲夫婦……

丑是支的末位，陰的極點，當然是婦人了：丑中的癸水，以火土爲財官，財官是夫子，午宮有丁己，所以能做丑的夫，然午宮丁火生己土，以水爲妻，以金爲子，丑宮是金庫，能爲午生子，所以能做午的妻．并且丑午都是土旺地，能融洽的．但是午中的火，爲丑中的水消蝕了，生身的原料竭絕．則丑爲午累了！

酉戌相害爲朋友……

酉戌同是金旺處，酉是西方的本位，故戌是酉的朋友．朋友雖然足以助我，也可以累我的．也同戌中的火土，能生金，也能尅金的一樣．如果交遊淺淡，置身在戌外，則可以生身，交遊濃厚，置身在戌內，則可以焚身了！且朋友往往因利衝突，這也是戌合卯財，酉奪卯財的緣故……

申亥相害爲親戚……

壬水建祿在子，長生在申，則申亥俱爲壬水的宗支無疑了！況且亥宮甲木妹乙，爲申宮庚金的妻，亥宮壬水妹癸，又爲申宮戊土的妻．如此，不但同爲宗支，亦世爲婚姻的了！而且申爲亥的妹丈，亥爲申的舅兄，本無相害的道理．乃因申金生亥水．亥依妹家爲生活，申刑合巳，貪合印官，不願生亥，亥貪刼巳財，衝破巳，申失去官印，與亥起衝突了！

在未開化的時候，本以個人爲單位的，沒有什麼組織．雖偶有兩性的交合，亦沒有夫婦的名義．及干支經過了淘汰，開化愈近，倫理的名份乃漸定，而夫婦，父子，兄弟，親戚，朋友，君臣，名份漸至完善．照這樣說來，在六倫以內的人，當較不相識的，親愛多了！這也是天然性的遺傳，和組織範疇的緣故．所以六害一變而爲六倫的．何故，也有最親愛的族類，互相衝突的呢？這可以在歷史上，同世情上證實的．可知親疏的判別，不在名份的規定了！性情的融洽，雖陌路人，也會情同莫逆．性情的不融洽，雖父子骨肉至親，也是視若寇讎的，這就是六倫又一變而爲六害的緣故．所以我說，六害同六倫沒有定例，也同親疏沒有定例一樣的……

三　干支的現象

以上解說的變動，還是干支本體的變動，不甚複雜．如干支交互的變動，就複雜了！因爲干支本體的變動，是促成未開化時，及已開化時的現象．交互的變動，是促成進化的現象．所以未開的時候，是人同獸爭的時期，在無歷史以前．已開化，是人同天爭的時期，以我國歷史看來，當在周紀以前了！進化時，是人同人爭時代，當在周紀已後了！

未開化及已開化的緣因，已經說過，要推測進化的緣因，不外干支交互演成的．干支的交互，就是十干同十二支，合幷作不同的推演，陰陽不雜，得六十數，我們的先覺，所定的名辭，就叫「六十甲子」．據我們的意思，六十甲于，還不能發揮他的命義，不如用「交互干支」的名義爲妥確呢！

我們的先覺，他又將十干，定名爲天干，十二支，定名爲地支．天地氣的接觸，而生世界最精靈的人類，正是干支交互，成六十甲子的定例，我們用三才，作簡單的排列如下……

天……甲　乙　丙　丁

人……甲子　乙丑　丙寅　丁卯

地……子　丑　寅　卯

戊	戊辰	辰
己	己巳	巳
庚	庚午	午
辛	辛未	未
壬	壬申	申
癸	癸酉	酉
甲	甲戌	戌
乙	乙亥	亥

以上的排列，雖然是形勢的規，但很顯明的，看出干支交互的理由．而人類，以及萬物，因受着天地氣的感覺，儼然有生氣的，在世界上，總不能出甲子操縱的，範圍以外．所以人類歲週甲子，壽卽將盡．而時間自一秒鐘，至億萬年，不知要構造，和毀壞，許多物事呢！這很重要的理由，容我們以後慢慢的……報告出來，現在暫且擱置……

剛纔所說的，釀出人同人爭的事故，是交互干支的緣故．這種爭端，較以前的更爲複雜，時間亦最長久，不是能用現在的歷史，推測出來的．如要以近事推測，我卽能斷定，一千九百一十四年的……世界大戰，卽是交互干支，轉入互換甲子的時期．那時候正是我國，共和建設初頭，國家也在混亂的時候．這雖是天演的定數，以我的推測起來，敢說一句，就是互換甲子的緣故．甲子是六十個，交互干支的統稱．甲子互換，就是將六十個交互干支，作時間的規定．比如今年二月初四日，夜十二時一刻一分一秒鐘，以干支推演出來，卽有以下的現象……

丁卯
癸卯
庚子
丙子
甲子
甲子
甲子

這種現象，此時看了，似不甚了解，以後當有明白的解說，這不過是互換甲子的，比例罷了！何以呢？按交互干支，丁卯以後當然是戊＠，此時丁卯以後是癸卯，這種無統緒的規定，是時間推演出來的，就是互換甲子的現象……，

我們既膽敢說了，世界大戰，和我們國家的改造，是互換甲子的現象。則現今的世界，都在互換甲子的期內，則互換甲子的複雜，和時間的長久，是不可計憶的了！如此，五行造就世界的歷史，到此繾告一段落。而得以下的比例……

命
陽　陰
木　金　土　火　水

庚	己	戊	丁	丙	乙	甲
午	巳	辰	卯	寅	丑	子
庚午	己巳	戊辰	丁卯	丙寅	乙丑	甲子
	甲子	甲子	丙子	庚子	癸卯	丁卯

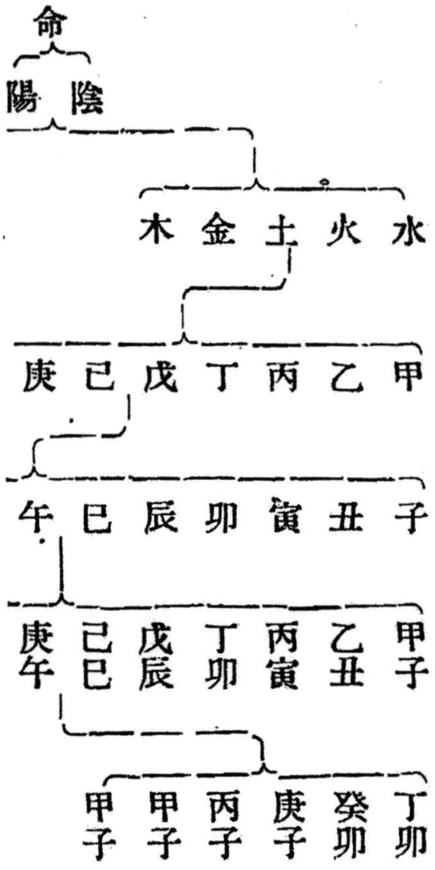

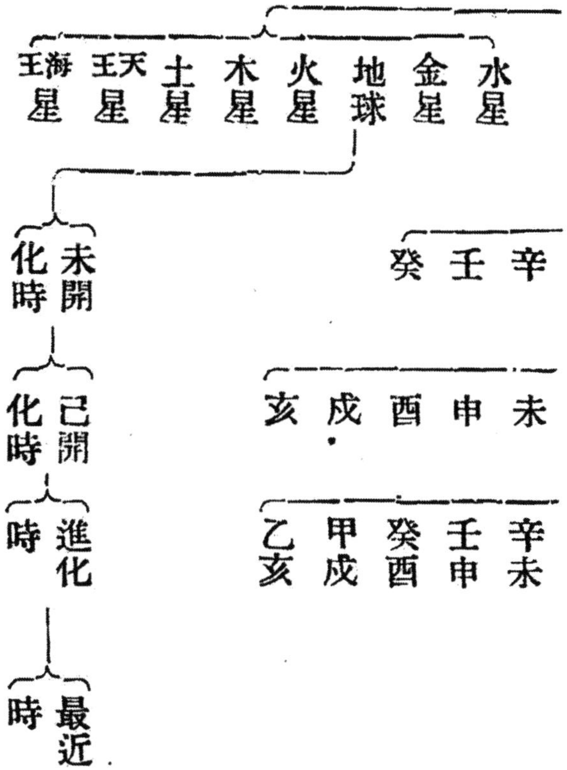

照以上的現象看來，則知事實的表現，也有一種天然的對象．固然事實是實現的，對象是虛設的，如沒有虛，怎麽有實呢！這種眞理，不研究這學術，是難以知道的．所以由現在推到上古，或地球初構造的時候，由互換甲子，推到五行發源的時候，歸本到陰陽．可知無論虛實，都是由陰陽發生的了！那麽陰陽以前，又是什麽呢？陰陽以前是兩氣混合的，因分

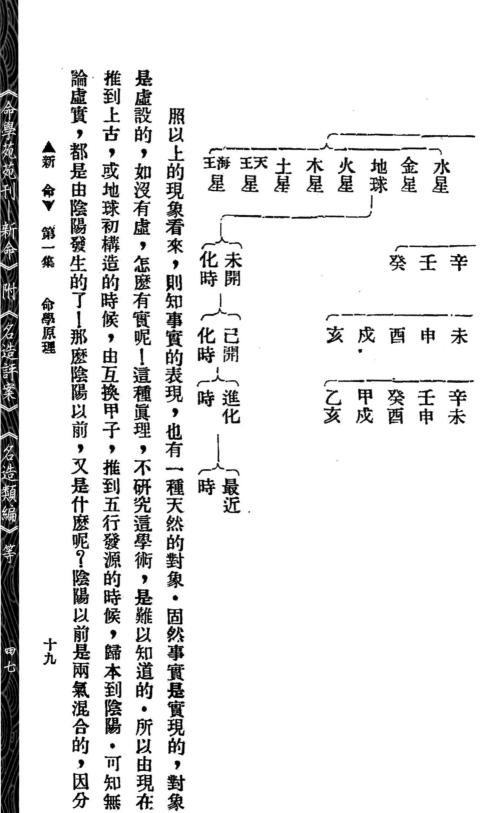

拆繳成陰陽，分折的緣故，祇可說是天演了！天演的意義，就是……命……

（未完）

命學新案

庚白

▲新太歲

凡本生流年之第二年○爲新太歲○如柱中値之○必有革故鼎新之象○暗邀虛拱者尤妙○然所遇新太歲○無論其明見○抑或暗藏○仍須與日主參看○日主所喜則吉○日主所忌則凶○不得以一見新太歲○便作吉斷也○例如黃郛八字○庚辰、己卯、丙申、戊戌○四柱虛邀巳祿新太歲○黃造喜金水○巳爲日主之祿○又爲金之長生○水之胎氣○故甲子流年○主北京國民軍政府○一鳴驚人○胡漢民八字○己卯、丙子、丙寅、丙申○四柱虛邀辰庫新太歲○胡造喜水土○辰尤丙火所最喜○日出於辰也○故以革命黨人起握政權○乙丑春間○一度代帥○今年夏間○一度主席○皆新政府也○此以吉論者○若張其鍠八字○丁丑、壬子、庚午、丙戌○四柱虛邀寅木新太歲○張造少水而火多○忌再見木火○故自丙寅入吳佩孚幕中○倖進不已○卒以致禍○此則以凶論矣○又孫中山八字○丙寅、己亥、辛卯、庚寅○卯爲新太歲○汪精衞八字○癸未、丙辰、戊申、丁巳○申爲新太歲○皆其明徵○新太歲入命○無論明暗○亦須與日主參看。非皆吉也。

▲天覆地載說

神峯通考。標舉蓋頭之義。頗自矜創獲。抑知其所言。尙多未臻精到者。余因以天覆地載之說。爲同好進。其例有二。一則八字之天覆地載也。一則大運之天覆地載也。二者皆能爲禍福。前一例。如張孤八字。乙亥、乙酉、乙亥、乙酉。天覆而地不載。終必破敗。後一例。如李純八字。乙亥、乙酉、己卯、庚午。行庚辰運死。辰土生扶庚金合殺。故凶。若約言之凡八字地支多洩天干之氣者。或多爲干之敗氣者。皆屬第一例。凡大運地支尅天干而吉。或生天干而吉。尅天干而凶。或生天干而凶者。皆屬第二例。徵之於大運尤驗。如丙申、丁酉、大運。若八字喜火忌金。則申酉運雖否亦減。又如庚寅、辛卯、大運。若八字喜木忌金。則寅卯運雖泰亦差。此自天干而言也。若以地支言。如庚午辛未大運。若八字喜金忌火。則庚辛運無刀。金受火尅也。又如壬申癸酉大運。若八字喜水忌土。則壬癸運必佳。水受金生也。然亦須以五行所値之生旺參看。旺金不畏火鍊。衰木必待水滋也。神而明之。存乎其人。茲所揭解。舉隅而已。

▲納音舉要

晚近議命者。類於納音。不甚研求。或則專以納音爲主。又失之偏。據余經驗。納音與四柱之正五行。實互爲體用。正五行爲體。納音爲用。譬如四柱喜水。而納音補之。四柱忌火。而納音補之。則一吉一凶。迥乎不同。又如行運。雖値所喜忌之神。亦要參看納音。如喜金而行庚辰辛巳運。爲眞金。忌土而値戊申己酉運。爲眞土。凡此者。力量尤大。禍福尤重。如壬寅癸卯。本屬水木。而納音爲金。則兼以金論。水之力弱矣。甲戌乙亥。本屬木土水。而納音屬火。則兼以火論。水之力減矣。此等處百試百驗。

▲歲君所主

本生之歲君。能作一年氣候之主。如壬申癸酉生者。雖不在金水月令。只要有氣。同一生旺。如庚辰辛巳生者。雖在金水月令。多見剝削。便成身弱。蓋壬申癸酉雖與庚辰辛巳。同屬納音之金。一則戌亥火空亡。一則申酉金空亡。一年之氣候。有過有不及。此不可不知察也。

▲五行衰旺之眞義

五行本無絕對之衰旺○所謂春木火○夏火土○秋金水○冬水木○此皆以一時言旺相者○又如春金○夏水○秋木○冬火此皆以一時言衰囚者○可以語常○不可以語變○如丙爲太陽火○爲火山脈○豈有衰理○壬爲空氣○爲蒸溜氣○戊爲雲○爲地上之土○亦豈有衰理○何時無日○何地無土○其理固甚明○則所謂衰旺○只能以干支之多助寡助爲斷○而不必以時令爲拘○此豈張楠輩所能夢見哉○如甲爲死木○無須多水○最要者爲金○何也○凡成器之木○進室之材○何取於水○些少之膠漆足矣○然不得金○則大而樑棟○小而牀几○皆不能就矣○乙爲活木○非土不可○非日不可○非水亦不可○何也○凡花木無土不生○無水不長○無日不榮○此三尺孩提所能知者○然若置於風雪之中○非松柏何以任○故乙木多喜癸水○而忌壬水○此又豈淺嘗者○所得道其隻字乎○不第是也○土可以生水○水可以養火○故壬水庫於辰○丁火庫於丑○地中有泉○深谷爲陵○膏油之於燈燭○蒸溜之於電○古今事物○證據昭然○俗士瞶瞶耳

▲四柱偏枯之應驗

四柱所値○過猶不及○皆謂之偏枯○凡柱中五行偏枯者○其一生必有缺憾○尤以缺火之人無子爲最驗○蓋吾國在宗法社會制度之下○無子爲絕嗣○是其人之家庭幸福○減色不少也○又

缺水之人多好色。而水太多者亦然。又火炎土燥。金清水冷。木盛金剛。皆主勞苦。

▲殺刃為威權說

術士談命。每以官殺主仕宦。此蓋沿子平之陳說也。又或以陽刃七殺。必掌兵刑。亦同一食古不化。實則殺刃僅為威權。凡四柱殺刃重者。其人必有威權。至於威權之大小。則又當參看八字。殺刃所主。初不必限於仕宦兵刑也。例如乙未、癸未、甲子、己巳。其人為紗廠總經理。所統轄職工。無慮千百。又如戊寅、丁巳、丙申、丁酉。其人為總商會會長。一生執商界牛耳。而未嘗入官。諸如此類。指不勝屈。

▲正偏財皆為外遇說

命書每以偏財為妾。此亦失之拘泥。蓋在宗法社會之中國。以夫婦為重。一夫一婦。又幾若天經地義。雖律許納妾。實等諸奴隸。故余以為四柱僅一財者。當然為妻。此外則皆為非正式之配偶。初不必限於妾。故偏財疊見之人。每多淫佚。其明徵也。

▲刑衝破害說

今人言五行。必及刑衝破害。然刑衝破害之說。有驗有不驗。且刑衝破害。未必皆凶。或因以反吉。此則余於人鑑卷下。已略論之矣。至於刑衝破害何以成。似爲驗不驗之根本原因。其理由完滿則驗。否必不驗矣。譬如子午相衝。乃子中癸水。與午中丁火相尅。午中己土。復與子中癸水相尅。以二制一。猶之聚衆行凶也。故子午之衝。爲力甚大。丑未相衝。乃丑中辛金。尅未中乙木。丑中癸水。尅未中丁火。未中丁火。又尅丑中辛金。循環相攻不已。然有丑未之土以調劑之。故丑未之衝。謂之衝庫。不甚凶也。寅申相衝。乃寅中甲木。爲申中庚金所尅。寅中丙火。爲申中壬水所尅。其形勢與丑未同。然甲庚壬丙。乃適以相成。故寅申衝。謂之衝馬。亦不甚凶也。卯酉相衝。最爲可驚。蓋卯中獨木。酉中獨金。以旺金尅柔木。此正秋行肅殺之威令。故子午卯酉。同一衝刃。而卯酉其尤。理有固然。勢有必至也。至於卯子之刑。寅巳申之刑。丑戌未之刑。酉戌之害。申寅之害。卯午之破。午酉之破。其互尅之義亦同。獨所謂辰午酉亥自刑。則無甚理由。似未可據爲典要。

▲干支與事物

近世紀以來。物質文明。輸入中國。一切文物典章。皆爲之變化。前此事物。失之固陋。今則浩如觀海矣。僅執前人命書所標舉者。以概物事。必難脗合。以政治言。如議員之地位。委員之職務。黨部之制度。皆非昔所有者。以社會言。種種之機器。種種之企業。又皆非昔者所有。不可無干支以代表之。此則須參合易理。及子平六壬五星諸書而釐定。方可適用。如庚戌爲發電機。甲申爲汽車。辰戌丑未爲黨部。議會。工廠。礦公司。墾植公司之類是也。余於暇日。擬續爲一帙。分別訂定。以公同好。

▲五行與地域

昔人言五行。囿於中國一隅。而不知世界。往往膠柱鼓瑟。譬如丙火爲日。日沒於酉。此乃在中國之日也。中國之日沒。他方之日出。然則酉果爲丙火之死地乎。又如丁必以甲乙生。蓋以丁爲燈爲星。而不知其爲電。庚辛金生丁尤妙。不必甲乙也。又如熱帶之地。四時多熱。則火氣太過。生於熱帶者。不必夏令而火旺。寒帶之地。四時多寒。則水氣太過。生於寒帶者。不必冬令而水旺。溫帶之地。四時溫和。生於溫帶者。不必春月季月而木土旺。若僅限方寸之地。何異坐井觀天乎。

▲父母年命與命造之關係

命之爲說。自有至理。而大要以得五行之氣爲主。蓋人之生辰所値五行之氣。深淺厚薄。各有不同也○信如是○則人之生也○由父精母血○凝結而成胎○其在母胎○受氣尤深○故父母年命必須參看○其八字喜水○而父母爲亥子生人者○八字忌木○而父母爲甲乙生人者○吉凶之間○增損分○必有以異矣○此亦余於經驗之餘○而明之以學理者也○凡篤信命理之士○幸勿忽諸○

名造評案

●葉德輝命造評

觀瀑

	甲子	初五・丁卯
	丙寅	十五・戊辰
	丙辰食◎	二十五・己巳
	庚寅	三十五・庚午
(胎元)	丁巳	四十五・辛未
(立命)	庚子	五十五・壬申

葉煥彬德輝。爲湘中名士。頗有文無行。頗爲鄉里所不齒。而縉紳先生喜其博洽。且精於子平術數之學，

自辛亥改革以來。時覩政變。所謂遺老者流。咸欲託其言以希帝政之復。故洪憲稱制。楊度亦引煥彬爲助。生平著作甚富。雙梅影闇叢書一集。尤膾炙人口。侈談容成素女術。間可與今之研求性學者相印證。乙丑秋間。邵次公招飲。與煥彬同席。出其命造。就余推究。余謂梟神奪食無制。申運見金有制矣。乃會殺爲凶。恐非死所。反復辯難。似亦歎服。然猶不自斂抑。致死何足惜。茲就其八字闡明於左。

雨水後木旺。干透梟神。支會木方。成材之木。非金不可。乃庚財坐於絕地。四柱及命胎納音。又皆缺金。則喜辰土食神以蓄之。金養於辰也。丙辰眞土可用甚明。故生平以文學知名。食神之用益顯。庚辛運皆佳。壬運剋丙而庚始舒。亦當以吉論。癸亥交申運。先値申中戊土無妨。今春在申中壬水之末。申子辰會殺助梟爲虐。且財食一變而爲官鬼。於是辰土庚金兩歸烏有。丁火陽刃又透干。其凶死無疑。昔郭璞善相人。不免於王敦之手。若煥彬者。仰何以異茲。

●吳佩孚命造評

觀瀑

甲　戌　　初　五・已　巳

戊　辰殺　十　五・庚　午

己酉　二十五・辛未
丁卯　三十五・壬申
（胎元）己未　四十五・癸酉
（立命）癸酉　五十五・甲戌

吳子玉佩孚以秀才起家。清末從軍洊擢至連營長。洎及民國。佐曹錕部。歷與國民黨軍隊相搏。丁巳入湘遂遷師長。自是與岑春煊陸榮廷狠狽班師討段。名震一時。其堅樸驍勇。亦有足多者。惜不學無術。而沾沾自喜。又囿於舊說。於世界潮流。瞢然無覩。以致今日之末路。茲就其八字。闡明於左

季土當旺。梟刃又兩透。身旺無疑。戊辰眞木。微癸潤之。故當用辰中七殺。而以癸財爲相。甲戌之官。已非我有。丁卯之殺。又制於人。辰中則財殺同宮。雖有戌衝之嫌。癸水可以緩衝。其用此殺尤顯。若以外格論。則卯辰邀寅。巳酉戌引申亥。甲以寅爲祿。戊以巳爲祿。巳以申爲貴。丁以亥爲貴。戌馬在申。辰馬在寅。酉馬在亥。卯馬在巳。所暗藏之寅申巳亥。恰係干支八字之眞正祿馬貴人。貴氣磅礴。宜能以偏裨竊國柄矣。申運乙木得貴。癸會水局。始入第三師。強臺直上。癸運雨露乙木所喜。一鳴驚人矣。酉爲太陽。以太陽

而乘水土之敗氣。且衝尅卯辰之殺尤力。甲子流年。酉金得生。七月金旺。故一敗塗地。丙火制酉金。故春夏復起。直至下半年。寅字官殺相攔。官旺殺衰。且酉金得貴。故文不振。大抵此造甲木透而不能用。乃必用辰中之乙殺。已表明一生終居人下之象。丙寅甲子兩次應之。殺之不可以勝官。邪之不可以害正。其彰明較著如此。子玉亦可以返矣。今年丁卯。兩卯衝兩酉。餘一酉合辰。財殺全化。殆將已乎。

甲戌運似伴然為他人得意之象。蓋甲戌戊辰。明明兩旬辰殺。為己土所用。甲官為戊土所有。徵之於理既已顯著。證之以事。更可無疑。不得以此為子玉害。

●張其鍠命造之研究

飲光

臨桂張子武丈命造。已載余兄弟所輯之名造類編後集。已編內。昨聞丈隨吳子玉入川。行抵新野縣灰店地方。遇匪被害。狀至悽慘。往推其命。即暗抱隱憂。丈自精子平及六壬三式之學。然不能知幾遠害何也。茲就其辰命五行生勝之理。略紓臆見。與同社諸君子共商略焉。

名造類編後集

已編　疆吏類

張其鍠

丁丑　壬子　庚午　丙戌

字子武。號无竟。廣西臨桂人。光緒甲辰進士。歷官湖南芷江等縣知縣。有幹才。民國七年。入湘佐譚延闓軍。嘗率兵一團。扼永州險要。與吳佩孚死戰。吳卒不得入永州。吳以是大賞其才。羅為已用。吳自衡州退。遂隨北去。參戎機。癸亥特任廣西省長。在桂四月。辭去。吳既敗。避雞公山。復往依焉。信任益專。遂為專使居京師。主聯奉攻馮之計。煊赫一時。吳再失勢。見部曲多引去。獨追隨不離。勸吳入蜀。依楊森。行次新野縣之灰店。遇匪被害。時丁卯五月也。年五十一。

光緒三年十一月十九日戌時

丁　丑　　　　初　五・辛　亥

壬　子　傷官◎◎　十　五・庚　戌

庚　午　　　　二十五・已　酉

丙 戌 三十五・戊 申

（胎 元）癸 卯 四十五・丁 未

（立 命）未 宮 五十五・丙 午

大運扣足五歲多一百八十天交行

每逢癸戌年大暑節前交換

五 行・闕木。

納 音・闕火。

格 局・傷官駕殺。

藏 拱・四支暗邀寅字爲太陽新太歲。

病 藥・以火爲病以水爲藥。

用 神・子建癸水傷官，

特 點・胎元八字各占一旬。

●本造秉氣之強弱

冬至後金氣甚微。逢洩愈弱。丁壬午戌，皆助丙殺炎爍之威。若非子丑一合化土成印。其何以自存。

●本造之用神

寒金得火。鍛鍊功高。況當子建眞洩。乍看必須用火。苟細觀四柱。衡較重輕。實有火盛水衰之歎。壬子眞洩。全見干支。傷官本強。固無疑義。乃丁壬子丑。無端貪合。於是盡變潤下之氣。而成木土之形。至後陽生。木火來復。丁壬化木。更益丙勢。丙居戌上。坐庫恃強。庚得午支會戌。愈燥。環顧四維。幾無是處。幸喜子水究竟位立提綱。縱合丑牽制。終許存形。援爲潤身之澤。息火之方。所謂一個玄機。暗藏爲力。雖不免杯水輿薪之勢。而沈疴仙藥。亦不失爲天功也。應取子建傷官制殺。爲全局之用神。

●本造之優點

一·金弱。喜得年支丑庫貴人爲鎡基。火盛。喜得子建水氣爲調護。

二·四柱五行闕木。喜丁壬化合。四支邀拱寅木。太陽暗補其不足。

三·八字胎元各占一旬。正合蘭臺妙選五福集祥之格。

●本造之弱點

一．火爍金流。制輕殺重。子午衝戰。雖丑來解鬪。而化土克水。反恩爲仇。

二．暗邀寅木。太陽爲主。本死絕之鄉。爲病神生發之地。（寅上丁死。庚絕丙生。）矧占太陽。其燄益大。爲患無形。

◎本造事理及運途之推驗

貴氣占年。用神居月。出身華閥。早掇巍科。固不待言。尤以秉悟過人。才華芬茁。涉獵成學。博覽爲豪。旁通技藝。百家之言。與傷官爲用。極合符節。至若勞苦艱卓。犯險猛進。大談高晥。有捭闔縱橫之概。負譎觚權智之才。亦極稱其七殺傷官作用。金火相成現象。祇以殺重制輕。用神根本受損。故雖一屍懷抱。而終不能免於禍也。初行金運。生水自佳。戌運會成天祿。（庚壬戌會申）直接資生子水。申運匯水成流。病神大得良藥。洋洋灑灑。政權屢握。固其宜也。丁運。火勢燎原。金枯水竭。癸亥甲子乙丑。歲運相濟。故尚有佳象。丙寅一年。巳成竭蹶。所不殆者。無刑衝激盪以促之耳。今年丁卯。二丁妒壬。干頭化合。解體。子卯一刑。提綱用神愈傷。於是壬水子水受激盪。與丙丁旺火相爭戰。而卯又破午。合成病神猖獗。入丙午月。火得氣益熾。水受激益戰。涓滴之水。終不能勝陽燄火山。而禍作矣。所最奇者。遇難之地名灰店。追剖之匪爲紅鎗會。灰店文含火字。紅鎗會象火色。五行之妙。眞無徵不兆。造次不離者矣。

●趙爾巽命造之研究

洪載

次老命造已載余兄弟所輯之名造類編前集己編內。頃得趙宅赴啓。悼悉次老已於八月八日告終京邸。老成彫謝。殊深人亡邦瘁之感。回憶曩歲余在京師與次老通家往來。嘗承讌飲題詠之雅。因得諗知次老辰命。曾爲一度推演。比當乙丑之春。適正交行己運。竊以其川神被化。卽臆斷此運於壽有阻。而以丁卯戊辰流年最爲可慮。乃今秋竟傳噩耗。不幸而符余曩昔所占。益以信命理應驗之不爽也。茲就其辰命五行生勝之理。略陳管闚。以供研究。

名造類編前集

己編上　總督類

趙爾巽

甲辰　辛未　己丑　戊辰

字次珊。晚號无補老人。山東泰安人。籍隸漢軍正藍旗。同治丁卯舉人。甲戌進士。授編修。累遷御史。出簡貴州之石阡貴陽知府。洊升貴東道。光緒乙未擢授皖臬。戊戌量移陝西。尋除新疆藩司。政聲歷著居喪服闋。壬寅起授晉藩護理巡撫並署提督。旋除湘撫。甲辰入覲。晉尙書銜署戶部尙書。乙巳出授盛京將軍。兼任盛京戶禮兵刑工五部侍郎。丁未遷授川督兼署成都將軍。旋移督湖廣。宣統間調任奉督。授欽差大臣兼管三省將軍。辛亥鼎革。遂解組下野。袁世凱僭帝。於耆舊特崇封號。因亦被推爲嵩山四友之一。清史纂修。出任清史館總裁。甲子冬。奉直罷戰。被舉爲參政院院長。主席善後會議。丁卯八月庚子日卒。年八十四。子一。

道光二十四年五月二十三日辰時

宮◎

甲 辰　　初十・壬申

辛 未　　二十・癸酉

己 丑　　三十・甲戌

戊 辰　　四十・乙亥

（胎元）壬戌　　五十・丙子

（立命）午宮　　六十・丁丑

大運扣足十歲多六十天交行。　七十・戊寅
每逢甲己年立秋節後交換。　八十・己卯

五行・闕水火。(暗藏)。
納音・闕金
格局・木疏季土。
藏拱・地支夾藏寅卯巳午官印祿馬。
病藥・土重爲病以木爲藥。
用神・歲干甲木獨官。
特點・用神値全二德兩貴。

◉本造秉氣之強弱

小暑後季土乘旺。支位胎元會全辰戌丑未四庫。崢嶸元氣磅礴。造化獨厚。秉賦強矣。

◉本造之用神

博厚之土。極喜疏洩。干透甲官辛食。二者川不可乖。第有官祇宜論官。自應舍辛取甲。蓋木氣上騰。金性沈下騰上則氣疏以達。下沈則土重反埋也。且木之與土。克亦相生。而生克又實爲相成。緣土無木疏則壅塞荒廢。木無土培則不能生殖。故凡土壤豐腴。而草木茁茂。地道敏樹。理固自然。是以木之需土。實甚於需水。而土之需木。亦固甚於需金也。茲甲建未坐辰。未爲木庫。根氣既通。辰畜水源。正如藪澤。誠爲滋培得地。饒有鎡基。茁秀疏壅。相成爲美。所謂培成稼穡之禾。更具一將當關之勝。揆諸義理。自當定歲官甲木爲全局之用神。

●本造之優點

用神甲官。値天月二德。並占丑未兩貴。而日時丑辰。暗夾寅卯。又屬用神之旺氣。左右逢原。斯爲至美。

●本造之弱點

甲官被己遙合。雖賴戊辛阻撓不化。然究屬土勢勝強。自不免受其牽掣。且辛甲聯干偪處。固屬柔金。剛木亦有侵官損用之疵。

●本造事理及運途之推驗

歲官顯用。德貴萃鍾。名位崇隆。揭然昭著。日主坐攬四隅。更顯有地士之任。故生平位業。多在疆圻。而宦遊半屬邊隅。尤所符合。至食神既爲秀氣。並號壽星。辛食透干。清純高顯。蓋又爲早登科第。晚享耆年之徵也。大運一交甲字。於是用神附翼。翰苑蜚聲、戌字印庫三刑、乙運官殺相絆。故皆屬升沈無定。瑜不掩瑕。亥運財官逢源。應臻盛美。特以用神在干。而不在支。則支運雖佳。效力自減。故僅以府守平進道員。非其全也。接行丙子丁丑。均納水音。頗爲得地。丙字合辛化水。反仇爲恩。造化轉圜。用神無空。子字戳財乘貴。丁字更直接制辛。皆爲極美。故此十五年中。遂由監司洊膺專閫。累任雍圻、八翼九遷。強臺直上。亦固其宜。丑運雖用神占貴。第土庫重重。極盛難繼。是以初遷奉督。而旋覩辛亥國變。遂卽倉皇去位。且丑未相衝、正屬比肩觸刃。應有鴒原之戚、而介弟爾豐。乃同時督川。竟罹於難。此亦驗巳。戊運逢刦。自多悔吝。寅運雖佳。然落旬空。祇虛臍聲望而巳。己運合去甲官。今歲丁卯、丁戊辛又會成戌墓。於是木壞土崩。用神羽化。歸眞之兆。固顯著也。

命學苑審定陸續印行各書預告

◉唐李虛中命書　清四庫全書本

◉珞琭子注二種集刊　宋徐子平注　△釋注瑩注　清四庫全書本

◉三命指迷賦注　宋岳珂注　清四庫全書本

▲廣人鑑　林觀瀑著

▲五行學史　李飲光著

▲名造類編前後集　李飲光　李洪藏輯著

▲奪精集　李飲光　李洪藏著

▲命學原理　張一蟠著

▲見驗篇　洪漩修著

▲轉龕命話　李飲光著

本國與地支宮分野圖說

一蟠

世界造化○時有不同○輿地劃界○因事而異○故干支分野○亦當隨時就疆域以定○大而若世界○次若國家○小而一屋之內○一器之中○莫不有干支分佈焉○我國爲五行學先進○命理發明之區○支宮分野○當先就國內以言○而廣之於世界○方今疆域遼三千萬里○省區凡二十有八○與昔九州以較○迥然不同○故就山川之形○物質之理○以爲五行生旺○干支分野之說○而備研究命學之參考焉

夫天高西北○地陷東南○（如五行守其本位不事變化○西北不高○東南不陷○則何以能進化○而成今日之世界○今日之中國）西之所以高○乃積土以生金也○（西方屬金）北方之所以高○乃積土以制水○（北方子丑比鄰相化爲土○關水而乏水）東之所以窪○乃水生木以克土○（東方屬木）南之所以窪○乃瀦水以克火○（南方午未比鄰相化○故氣候燥熱濕重○亦水克火也○因屬火○而煤產不豐○菓實獨富）土蓄氣於中央○分佈於四維○故中平坦○而四維多山○金以生水○水以生木○故黃河長江之流○乃發源於西○浸灌於東○木以生火○火以生土○

石炭乃充斥於四境。土以生金。鑛質乃遍乎國中。長城既築。涵海化爲漠沙。（涵海本石山瀦水而成。以雨少水涸。山石經嚴寒酷熱。縮漲過劇。乃化爲細沙。沙漠成時。約在秦代以前）運河既通。水火因成既濟。（運河通後。南北文化。乃得調和）分天山之南北。戌亥以爲天門。（天山脈起中亞洲之葱嶺。入我國新疆陡高起。貫入新疆中部。東至高密而盡。清時經營新省。分爲南北路。以示區別。）黃河亦稱天河。雖發源於青海。北流至甘肅綏遠。而下灌秦晉之交。以入陝豫。則天山天河。皆在戌亥宮。以爲天門固宜）。流地支於東西。辰巳乃爲地戶。（皖。浙。贛。閩位辰巳宮。皖之徽州。浙之寧波人。俱喜經商外埠。不安本土。而贛人業材木。隨地漂流。閩人多服務海軍。僑外埠者亦衆。蓋地戶乃人出入之門也）循環造化。五行之休旺無窮。變態滄桑。萬事之盈虛有數矣

我國東部。有奉天。吉林。黑龍江。山東。江蘇。安徽。浙江七區。布干曰甲乙。支寅卯辰。寅爲陽木建祿之處。奉天吉林黑龍江屬焉。故滿州沃野無垠。森林甲於國內。（寅爲死木故）又爲丙戊長生之地。因產煤甚著。（辛至寅成胎。故鑛產亦豐） 卯爲東方正位。乙木建祿之處。山東江蘇屬焉。故魯產荳麥盛。蘇產桑稻盛。（卯爲活木故）癸水至卯則長生。而黃河

乃以魯爲歸蓄之口。（黃河舊漕。本經蘇入海。以南疆得失不同。故河流趨向亦異。雖銅瓦廂天演使然。究與五行。亦深符合）長江以蘇爲歸蓄之口。歸蓄於海。亦所爲長其生也。辰爲土木旺地。安徽浙江屬焉。故皖稻浙桑稱盛。而皖南多山。等於浙南。水庫於辰。故皖有洪澤之半。巢湖之瀦。浙有太湖之半。錢塘之流。所以庫水也。（產茶亦最富）土寄庫於辰。而皖乃以九華山著。浙以普陀山着。（兩山雖小。乃竟以釋教彰名。聲駕乎五嶽。設非土居孕秀之處。曷克臻此）且皖徽州一帶。產硯墨有名。蓋硯墨屬土帶水色而黑也。

南部有江西。福建。湖南。廣東。貴州。廣西。六區。布干曰丙丁支巳午未。巳爲丙戊建祿之地江西福建屬焉。故贛萍鄉。閩安溪。石炭富饒。而贛瓷。閩漆。尤爲特產。瓷漆屬土）庚至巳則長生。故閩疆鑛產甚豐。建寧邵武金鑛。其最著者。陰水至巳則胎。贛乃以鄱陽湖胎水。產茶乃豐。義寧紅茶。武甯綠茶。其著者。（紅綠帶火土氣。蓋以火土得祿也）而閩產菓物。甲於全國。因產水晶石鹽亦豐。午爲南方正位。丁己建祿之處。湖南廣東屬焉。因是火山脈。經高雷以東。乃常有地震之患。而湘沅陵硃砂。粵饒州石炭。亦有名。陰木在午則長生。故湘粵農產。不亞他省。陽水至午則胎。湘乃以洞庭湖胎水。而湘江一帶多茶。安化則尤多。粵產菓亦富。未爲火土建旺之處。貴州廣西屬焉。故兩省石炭豐饒。木至未爲庫。而桂省材木。滇省苧蔴產焉。(癸亦庫於未。兩省乃特產水銀)

西部有雲南。西藏。四川。川邊。青海。甘肅。新疆七區。布干曰庚辛。支申酉戌。申爲陽金建祿之處。雲南西藏屬焉。西藏鑛脈。蘊積甚厚。雲南鑛質。既富且佳。全省俱是。錮舊之錫。其最著者。申中戊土寄生。而滇省點蒼山。乃有大理石特產。壬水至申則長生。故長江出滇經蘇入海。(滇蘇爲長江頭尾。而壬癸長生焉)而鹽井甚多有黑白之分。(本當出黑鹽。白者。蓋與庚同化之故。) 則洱海產普洱茶有名。且藏邊喜馬拉雅山積雪。至七月乃融化下流。藏之西部(至日喀則至阿里)徧地皆水。乃有隣海之名。酉爲西方正位。陰金建祿之處。四川川邊青海屬焉。積崑崙之土。以生金。故青海珠玉寶石以產。川中鑛脈以富。甯遠之銅。康定金沙。其最著者。(白蠟虫。亦爲川中特產。深合納音之義)丁己至酉則長生。而青海。則以產壯馬聞。(馬屬午。午宮藏丁己故)戌爲金土建旺火庫之地。甘肅新疆屬焉。故兩省出產。有石炭。金。銀。銅。玉等。而蘭州之煙。和闐之玉。其著者。

北部有陝西。綏遠。蒙古。山西。察哈爾。直隸。熱河七區。布干曰壬癸。支亥子丑。亥爲陽水建祿之處。陝西綏遠蒙古屬焉。北部固屬水。而乏水。然黃河之流。貫入秦中。河套灌域。橫穿綏遠。以急流之勢。成海洋之豬也。水雖旺而丁己亦胎焉。故陝北以產石油聞。（石油含水火土質）陽木至亥則長生。故蒙古西部。林木甚豐。子爲北方之正位。陰水建祿之處。山西察哈爾屬焉。以長城橫貫其間。萬山屹峙。四維土重水掩。則晉察苦旱矣。然癸水秀氣。未卽全消。故晉以釀美酒名。辛至子則長生。丙戊則胎。故晉礦產。以鐵與石炭最饒。澤州之鐵。平定之煤。其尤者。丑爲水土旺地。直隸熱河屬焉。故西北距高原。萬山重疊。東南環渤海。衆匯溢洋。金以丑爲庫。而鑛脈亦多。（京製銅器尤佳）

土位於中央。旺於四維。庫藏四象。其干曰戊己。支辰戌丑未。河南湖北屬焉。故兩省特產。河南有稻麥桑蔴。木棉。棗實。石炭。雲母石。硃砂。鉛。錫等。湖北有材木。茶。稻。棉。荳。麥。石炭。鐵。鉛。錫。水晶。綠礬等。五行俱備。而豫鄂位全國中央。黃河長江巨流。隴海鐵道。貫澈東西。京漢粵漢鐵道。洞穿南北。全國樞紐。五行重心繫焉。

蓋夫五行之繫天也簡。而繫人也繁。繫地也。着於中。簡也易明。繁也難知。（人事雖繁。如以干支推斷。本毫釐不爽。以研究不精。而以難字忽之。寧非自棄。雖然。五行維繫。固不爽也）易明則不足推議○難知則不得忽明○着於中也○乃可以言之○因作說如上○然而五行生旺○罔含至理○天演淘汰○亦有眞因○此說似以五行生旺○就地質以言○豈地質以五行生旺○而演其滄桑哉○如是○則似以五行生旺之說○遷就於地質○非五行所以馭地質也○此說吾當有別論以明之○要以大而若世界○小而若一器之中○何地無五行何物無五行○如詳盡以言○恐耗畢生之力○亦不足罄其意○今以地理物質○其顯著者作說○無所閒於人者○不論○庶舉其大○而知其微○察其明○而知其晦也○

（完）

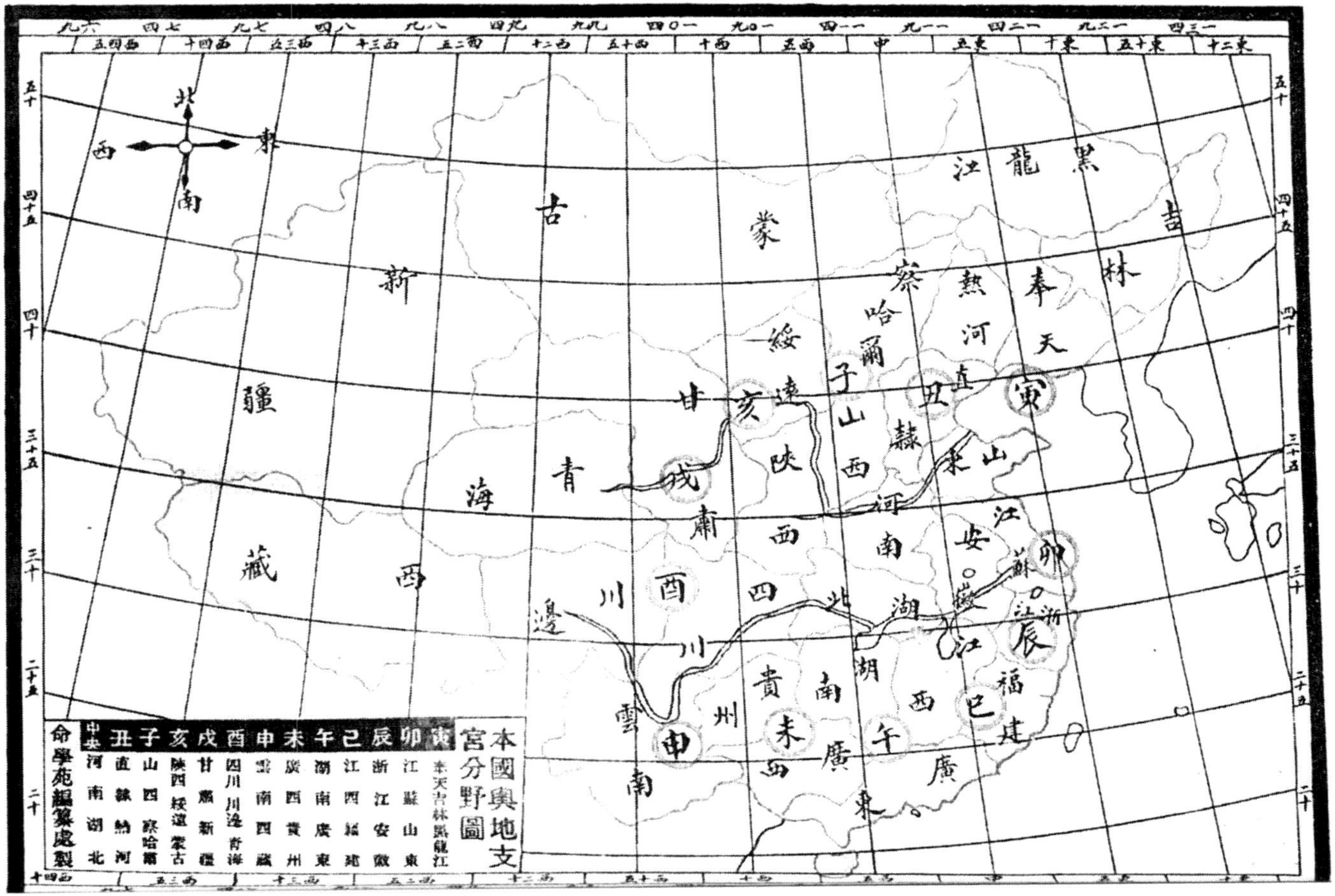
本國輿地支宮分野圖
寅 奉天吉林黑龍江
卯 江蘇山東
辰 浙江安徽
巳 江西福建
午 湖南廣東
未 廣西貴州
申 雲南西藏
酉 四川川邊青海
戌 甘肅新疆
亥 陝西綏遠蒙古
子 山西察哈爾
丑 直隸熱河
中央 河南湖北
命學苑編纂處製
北
南
東
西
黑龍江
吉林
奉天
熱河
察哈爾
綏遠
蒙古
新疆
青海
西藏
甘肅
陝西
山西
直隸
山東
河南
江蘇
安徽
浙江
湖北
湖南
江西
福建
廣東
廣西
貴州
雲南
四川
川邊

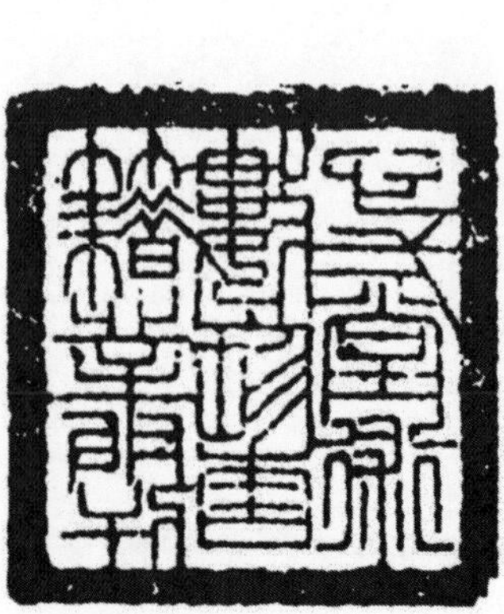

造命主體改革之商略

震修

世以干支生克推人祿命。其源出於戰國珞琭子。三命通會子平源流考。謂與珞琭同時有鬼谷子。漢有董仲舒司馬季主東方朔嚴君平。三國有管輅。晉有郭璞。北齊有魏定。唐有袁天綱僧一行李泌李虛中之徒。皆祖其說。珞琭以年。虛中以日。其法至是一變。等語。竊有疑焉。謂珞琭用年爲是。何以虛中用日亦驗。八字之中。必有一主體。用年用日不能並立。即不能並驗。此百思不得其是者也。乃古說以八字四柱。譬諸根苗花實。推而求之。恍然有悟。根爲宗族。苗爲家庭。花爲父母。實爲本身。譬之求人消息。用年如問其宗族。用日如問其父母。故用日較用年爲詳切。宋徐子平得虛中之術而損益之。月令爲用神。歲時爲輔佐。命學至此。稱爲完備。其以月令爲用神者。如已問其父母之後。復問其家庭。故較詳盡。由是言之。時爲本身代表。當無疑義。則用時爲主體。不更眞切乎。或謂命學至今歷數千年矣。古之賢哲考察正行著書立說。示後人楷法。爾何獨標奇立異。變更古說乎。殊不知學無窮盡。即無止境。虛中子平舍年用日。豈標奇立異哉。學必變而愈精。蓋命學至虛中。爲一大進步。子平重用神。張楠重病藥。萬育吾日時並重。皆命學日漸進步之明證。拙見用時。頗加推究。非一日矣。證驗往往不爽。故未敢自秘。且如今日甲寅庚午時生人。午時以前為男為女未得測知。必至出胎之時。始見其人。而所感五行陰陽之氣乃備。此造化自然之理淺而易明者。卽以甲寅庚午而論。用日身強殺弱、用時身弱殺強。固顯然有別也。別著用時見驗篇。及六親論。詳言之。先舉其大端。供同志之商略焉。

▶徵稿◀

本苑本集思廣益之旨求東方蘊
哲學術之進步與創作悉心研究
不遺餘力因有是集之發行甚願
海內精研命學同志聲氣相求熱
心惠稿以資闡發國粹為幸特定
收稿簡則詳載本刊後幅

命學苑編纂處啓

●傷官食神陰陽之分析觀

伯　卷

傷官食神。皆盜洩我精氣之物。一陰一陽爲傷官。出乎異性。故其氣偏。陰見陰。陽見陽爲食神。同屬一性。故其氣純。蓋日主之精氣破洩。英華外發。旣有陰陽之異同。當有性氣之純偏也。

傷官之中。復有陽生陰。陰生陽之分。陽生陰者。由剛以生柔。陰生陽者。由柔而生剛。若食神則純陽者剛。而純陰者柔也。

傷官因出乎異性。其氣亦偏。故雖聰明出衆。穎悟不凡。而性高傲物。我是人非。自恃氣盛。皆所不免。若屬陰生陽者。稍轉陽剛之氣。而陽生陰者。不免陰柔多藏矣。

食神則同屬一性。聰明量洪。優遊自足。謹飭守方。不作險想。惟純陽而身強者正。純陰或身弱者。亦當別論也。

傷官食神。不僅陰陽之差別。因屬於金木水火土五行之各異。其發洩於外者。亦有不同。屬於木行者。好生多仁。華秀曲直。屬於金行者。好義守方。堅剛改革。屬於水行者。多智善謀。執性不定。屬於火行者。好禮逸亮。發越炎上。屬於土行者。守信誠直。好學性厚。惟或因身弱不足發洩。或遇忌物有害斯神。不能拘泥。當作反觀也。

傷官食神。均忌衝合。衝則阻其發洩。合則貪合忘洩。惟傷食多者。或畏傷食者不忌焉。

命造有食神多見者。必多思想。好作主張。每無成見。有傷食並見者。心思繁亂。好涉羣學。少有獨造。

正格中。惟傷食爲我精氣之發洩於外者。陰陽之異同。表現易見。惟此格無財。雖巧必貧。蓋精氣既洩於外。當使有所歸宿也。

轉龕命話

自序

飲光

推步祿命。本於五行家言。五行之說尙矣。原夫太極。該乎萬端。極其精微。不離造次。蓋至玄理趣。非形物所概也。唐李虛中以干支配命。獨重於年。逮宋徐均。發明新旨。衰旺權衡。始主於日。卽盛稱子平法也。後之學者。不絕傳人。漸於末世。流品日下。市井瞽巫。操之乞食。支離卑俗。無足與言。其號能者。喜涉乖誕。略解操觚。述抒悟獲。率多牽雜附會。言不雅馴。術以人而日晦。人以術而益輕。學者士夫。寡復研問。駸駸焉幾不可一振矣。飲光遊藝之餘。耽求積歲。私維盈虛陰陽之道。消息天人之際。進之則以成學。非必區區觀兆吉凶之止足徵也。於是爲之不倦。癖焉愈深。同氣相求。頗獲勝侶。文筵賓座。辨討遂多。新意美談。不乏可筆。益以千慮之得。累日爲篇。朋會傳觀。交促定稿。因病得閒。稍取删次。一仍劄記。寫曰命話。亦談詩說詞之體例也。至若名言軼史。散見百家。多拾珍聞。足資研證。初無叢集。輒費采觀。因並廣爲戢蒐。萃蕞先後。裒成專帙。統入本編。標曰舊聞。區於臆說。豈云述作。倘益清談耳。

轉龜命話

欽光

左編　推步臆說

八字重旬

八字重旬。三命通會。蘭臺妙選。皆言之。子平家往往忽視。殊不知其理固淺顯。初無玄奧。今以人喻。昆弟十人。共炊一室。不出戶庭。其相養相助。視諸比鄰。自倍親切。弟有三人以至一人。與兄又同操一業。饔餼不離。其休戚相連。等之塗人。又當百倍。是故八字之中。同旬之物。禍福最切。皆理勢爲之也。近世偉人之命。合兩旬包裹。一旬三位諸格者。多不勝舉。惟八字全在一旬內者。只見張雨亭（作霖）。張敬輿（紹曾）。龔仙舟（心湛）。王蒸生（晉）。四人而已。此格行運亦宜在本旬中。方有力。出旬卽減。又八字及胎元。各占一旬。謂之五福集祥。亦貴格也。近代名造。合此格者頗多。余於命格類編中。皆備集焉。

魁星格

甲辰至癸丑一旬。爲魁星。昔科舉時代凡鼎甲巍科。命中多見魁星。極驗。如明申時行狀元

○乙未、乙酉、甲辰、乙亥○楊愼狀元○戊申、甲子、乙丑、庚辰○黃士俊狀元○丁丑、甲辰、乙丑、庚辰○余復狀元○壬申、癸丑、乙酉、甲申○王文焯狀元○壬寅、丙午、乙未、丁亥○毛伯知狀元○丁酉、甲辰、丙寅、戊子○姚淶狀元○戊申、戊午、丙辰、己丑○李敬狀元○戊戌、乙卯、丙午、己亥○呂柟狀元○己亥、己巳、丁未、丙午○費宏狀元○戊子、乙卯、丁巳、丁未○唐文獻狀元○己酉、丁卯、丁未、丁未○韓應龍狀元○戊午、壬戌、戊申、甲寅○呂臻狀元○甲寅、戊辰、戊申、庚申○唐汝楫狀元○壬申、己酉、戊申、辛酉○沈坤狀元○丁卯、壬子、己酉、甲子○朱之蕃狀元○戊午、乙卯、己酉、甲子○孫繼皐狀元○庚戌、丙戌、己酉、乙丑○翁正春狀元○壬子、癸丑、己卯、己巳○舒芬狀元○甲辰、戊辰、己亥、乙亥○曹鼐狀元○甲申、丙寅、庚戌、辛巳○劉若宰狀元○乙未、甲申、壬寅、甲辰○林大欽狀元○辛未、庚子、壬午、戊申○余申狀元○庚寅、戊子、癸亥、癸丑○蔡潛狀元○癸卯、乙丑、癸亥、癸丑○楊維聰狀元○壬子、癸酉、辛亥、丁巳○焦宏狀元○庚子、戊子、癸丑、戊戌○莊奇顯榜眼○戊子、甲寅、甲辰、丙寅○曹大章榜眼○辛巳、乙未、甲辰、丙寅○羅瑆榜眼○癸丑、甲子、丙寅、己亥○蕭良有(會元)(榜眼)○庚戌、丁亥、丁卯、癸卯○潘晟榜眼。丁丑、丁未、壬午、辛亥。黃初榜眼。丁酉、戊申、壬戌、丙午。陶大臨榜眼。丁亥、癸卯、丁卯、丁未。陶望齡（會元）（探花）。壬戌、戊申、甲辰、戊辰。張瑞圖探花。庚午、己卯、甲辰、戊辰。孫承宗探花。癸亥、甲寅、甲辰、壬申。陳棟（會元）（探花）。丁酉、乙巳、丙午、辛卯。陳子壯探花。丙申、己亥、丁巳、甲辰。金達（會元）（探花）。辛酉、乙未、丁巳、丙午。錢謙益探花。壬午、庚戌、乙巳、戊子。鄧以讚（會元）（探花）。壬寅、辛亥、壬午、辛丑。袁煒（會元）（探花）。戊辰、癸亥、壬午、丙午。徐階探花。癸亥、壬戌、癸未、壬子。吳默會元。壬子、己酉、丙戌、甲午。鄒守益會元。辛亥、辛卯、丁未、丁未。張治會元。戊申、辛酉、丁未、庚戌。霍韜會元。丁未、乙巳、庚寅、丙子。清陳繼昌三元。壬子、壬子、壬子、壬寅。陸潤庠狀元。辛巳、甲午、丁巳、庚戌。孫家鼐狀元。丁亥、甲辰、丁亥、丙午。曹鴻勳狀元。丙午、己亥、癸亥、癸亥。張謇狀元。癸丑、戊午、己巳、丁卯。張之洞探花。丁酉、戊申、戊申、戊午。諸命莫不有魁星在四柱中。其他兩榜以次之命。蓋未可悉舉也。

井闌叉格

眞井闌斜叉格。余看命甚多。以端午橋(方)一人最合。端命爲辛酉、壬辰、庚子、甲申。四柱無丙丁巳午損露。納音火亦闕然。接行亥子丑一派北方水運。故極美。一入丙運。見官破局。辛亥流年。二丙爭合辛金。不能化水。陽刃倒戈。遂罹慘刦。蓋格局愈眞。其禍福之驗愈顯也。

五行之外格局亦重

吾鄉劉壯肅銘傳。起家寒微。在淮軍迭著戰功。五六年間。卽封男爵。所以致之者。僅一亥運耳。其命爲丙申、丙申、戊戌、癸亥。八字一旬三位。而戊戌日主。獨爲旬內魁罡。申統坤。爲地戶。亥統乾。爲天門。左右包承。氣勢甚偉。惟二申一亥其力失均。必加一亥相儷。乃得其平。足見五行生勝之外。亦尙有格局可貴也。

從兒格

從財從殺兩格富貴者多。獨從兒一格。不習見。近看楊文敬士驤八字。乃眞從兒格也。楊命爲庚申、甲申、己丑、癸酉。四柱洩神重累。日主本體甚弱。且不見一火。惟有棄命從兒取貴。干支共得壬癸財水四位。金水相資。一氣流轉。滴天髓所謂。却喜吾兒又見兒也。運歷亥子水鄉。宜其得意。已運比肩助身。克奪財氣。故不起。

太陽在命名利皆顯

每月日躔之次。卽月將太陽也。命中遇之。更乘祿馬貴人得用。其力至大。歷驗不爽。蓋太陽光被天下。無遠弗燭。人命値其躔次。聲名權利。自易洋溢高顯也。如孫文。丙寅、己亥、辛卯、庚寅。黃興。甲戌、甲戌、乙卯、丙戌。卯支皆躔太陽。袁世凱。己未、癸酉、丁巳、丁未。太陽當巳。黎元洪。甲子、甲戌、丁未、甲辰。徐世昌。乙卯、丙戌、癸酉、丙辰。太陽俱在辰。馮國璋。戊午、乙丑、乙丑、庚辰。丑爲太陽。段祺瑞。乙丑、己卯、乙亥、壬午。張作霖。乙亥、己卯、庚辰、丁丑、太陽同到亥。吳佩孚。甲戌、戊辰、己酉、丁卯。孫傳芳。乙酉、庚辰、壬子、己酉、太陽同到酉。皆今之最顯貴者。淸季宰輔疆臣。如恭親王。慶親王。胡文忠（林翼）。彭剛直（玉麟）。曾忠襄（國荃）。先勤恪公（瀚章）。張靖達（樹聲）。翁文和（同龢）。王文勤（文韶）。涂朗軒制府。（宗瀛）魏午莊制府（光燾）。端忠愍（方）。周愨愼（馥）袁海觀制府（樹勳）。張忠武（勳）。姜翰卿都統（桂題）。陳太傅（寶琛）。趙次老（爾巽）。呂鏡老（海寰）。莫不太陽居命。近時權貴。若伍廷芳。唐紹儀。岑春煊。熊希齡。錢能訓。顧維鈞。許世英。龔心湛。李根源。張謇。曹汝霖。周學熙。王郅隆。陳宧。羅文幹。潘復。唐繼堯。張作相。朱瑞。蔡成勳。齊燮元。太陽或居四柱。或見拱夾。或在命宮。文人如王湘綺(闓運)。壬辰、癸丑、辛丑、甲午。嚴幾道(復)。癸丑、乙丑、庚辰、戊寅。章太炎(炳麟)。戊辰、乙丑、癸卯、庚申。丑支皆值太陽。馬通白(其昶)。乙卯、丙戌、甲申、丁卯。卯值太陽。皆享盛名。梅蘭芳。甲午、甲戌、丁酉、癸卯。命宮辰坐太陽。以劇藝震當世。江西周扶九(鵬)富翁。甲午、壬申、乙未、庚辰。午遇太陽。以多貲爲豪。其他類是者至繁。不悉縷舉。

人事遇合喜忌皆通於命

人生遇合固定於命。而推挽左右之者。尤與本命喜忌最有關涉。往往事功垂成。遇一與命中克忌之人。輒屢轉阻難。終不獲就。與己命五行生克相和者共謀。雖意外求爲。亦竟唾手而得。五行之用。該於萬端。此理不移。林衆難自京南來。促膝連日。縱談當世達人造命。偶以其同鄉杜愼臣(錫珪)八字見質。云其自言爲戌時生。境不符運。辨究甚詳。余細審其出處遇合。迭加推索。定爲酉時。辛旺化水爲福。杜命干支。係甲戌、丙子、癸卯、辛酉。現行辛運。柱中月時丙辛。干合化水。子建得勢。丙寅歲運相合。又復化水。遂以海軍總長。突綜國務。得之甚奇。所謂意外之合也。先是攝揆。擬顏駿人。顏讓與顧少川。顧弗卽就。張子武鄭鳴之兩丈。因同推杜。顧從而力成之。張雨亭。孫馨遠。遂先後贊助。顧命丁亥。鄭命丙子。張命丁丑。適會成亥子丑水局。又益以張雨亭亥命。孫馨遠乙酉命。(納音水)。皆屬水。而最以顧少川命中水最旺。(顧命丁亥、癸丑、己亥、戊辰、)水象浩瀚。會於一時。獨爲杜命所喜。竟於無意間。以水軍執揆政。民國以來一人耳。命會遇合。蓋亦奇矣。衆雖亦自言。每遇酉命人輒合。申命人多不順。頗與其八字喜忌相通。極服余說。

宓妃及唐太宗命

宓妃留枕。千古美談。吾友觀瀑居士。竟考得其辰命干支。舉以相眩。予以世遠。未易徵據。觀瀑則持之鑿鑿。姑記之。亦淸談佳話之一柄也。甄后八字。係壬戌、壬子、丁酉、戊申。丁壬妒合。邀帶貴人。官殺得勢。顯而不淸。綽約風流。恍聞環佩已。又唐太宗命。爲己未、丙寅、戊午、乙未、觀瀑亦考證甚詳。並寫存焉。

(未完)

名造類編

欽光
洪載輯著

前集

甲編

帝主　后妃類

名造類編自序

神農嘗百草以辨求藥性之用。瓦德探沸鐺而明創蒸氣之機。古今中外學理。未有不假事驗而成功闡發者。學理愈奧賾。事驗愈切要。自解剖之術明。取骨殖臟府製標本。而醫學大進。蒸汽發動。必求水火。復廣徵事用。因革利弊。而油體化氣之馬達新機以成。是故學理發於思惟。思惟端乎事驗。理事融而學說立。然又必待夫詳稽事驗。反證學理。而後始成。引申闡發因革日新之功也。用五行生勝推求辰命之學。好之有年。其始也茫然。進之復疑。莫能明。入之既久。驗之人事日亦繁。乃豁然而解。癖焉彌深。信為斯誠理事踐證之學也。於是益從事踐證。以為引申闡發。遂訪羅古今聞人士大夫造命。蚤夜研繹不疲。積十年。聚獲日多。輒為之編次類別。而益以其人事行述著于篇。備攷驗焉。天演之說曰物競。曰天擇。夫智強愚弱共競。而愚弱者勝。覆舟之下有不溺者焉。其理說若奧衍而難知。跡其形事。則皎然可觀。舉其陳跡。以驗理說。蓋無支離可遁者矣。

名造類編凡例

一　本書爲研究命理實驗起見。故凡帝王官貴碩學聞人以逮壽考凶終等類。足資學理探討者。概爲蒐集。窮數載心力。得命造千餘。自明清迄民國。各以類從。不取唐宋。遠難徵也。

一　本書分爲前後二集。前集以天干數分定十編。載明清帝王及有清一代名臣權貴文苑藝林等類命造。後集以地支數分定十二編。載民國以來達官聞人富豪貨殖耆壽凶終等類命造。

一　各類所載命造。皆以年命先後爲次序。凡以官貴人爵從類者。則以所歷官階最高者爲定。庶便索驥。按圖有條不紊。

一　凡不專以人爵爲重者。則各依其負盛名不朽之事業從類。如明蕭其昌清王士禛民國梁啓超等之不取官貴而燕文苑藝林。所以傳其特才也。

一　凶終一類。不限富貴窮通。凡不得正命者皆入之。至水火兵藥車縊雷震各塗。復別區子目。以便檢攷。

一　各類命造皆系各人小傳。詳記爵里字號。及一生事略。着述子嗣。極求翔實。俾研究命理者洞知事蹟。以驗證學理。一革世傳命書附載簡俗之陋。而收事理圓融之美。

一 自來命書引載名人造命干支八字。不習於附會竄改。即失之耳食舛謬。本書所集命造。皆經縝密審定。凡帝后皇子。悉據玉牒史傳。達官聞人。或依家乘年譜碑狀訃書。或出本人面述。戚友轉示。俱信眞確不訛。凡稍涉疑似者。暫從割愛。以俟續編。

一 本書以史傳載記體裁。供命學研究參攷。故於學理不著一字。臆見推評。以明體例。藉便學者自力研索驗證。各見仁智。至編者對於各命造評判之學案。別著有奪精集一書。另行於本編前後集之命造。皆以私見蠡測。一一詳論其義旨焉。

名造類編前後集總目

▲前集

戌編　名媛類
亥編　佛苑類

名造類編前集甲編細目

▲帝主類

元世祖
明太祖　明惠帝　明成祖　明仁宗　明憲宗　明孝宗
明武宗　明世宗　明穆宗　明神宗　明光宗　明熹宗
明思宗
清世祖　清聖祖　清世宗　清高宗　清仁宗　清宣宗
清文宗　清穆宗　清德宗　清遜帝

▲后妃類

明神宗后　明熹宗后　清孝貞后　清孝欽后　清孝定后

清端康妃　清恪慎妃

名造類編前集

▲命學苑審定

李欽光
洪載 輯著

甲編上 帝主類

○元

元世祖

乙亥　乙酉　乙卯　乙酉

名忽必烈。蒙古人。睿宗第四子。太祖十年八月乙卯日酉時生。母莊聖皇太后奇味氏。宋景定元年庚申夏四月。卽位於開平。定都燕京。改國號曰元。至元十六年己卯二月滅宋。一統中國。遂東征日本。南征緬甸安南占城爪哇等國。領土遠及歐洲東部。疆域之廣。前古未有。帝度量宏廣。知人善任。信用儒術。立經陳紀。規模遠大。在位三十五年。八十歲。至元三十一年甲午春正月崩。謚文武。廟號世祖。年號中統至元。

○明

明太祖

戊辰　壬戌　丙子　己丑

姓朱名元璋字國瑞濠州人元致和元年生幼孤至正四年甲申爲皇覺寺僧壬辰郭子興據濠閏三月甲戌朔往投之子興奇其貌留爲親兵所戰輒勝乙未正月總子興兵南攻下太平路丙申三月克集慶路改爲應天府七月己卯諸將奉爲吳國公癸卯八月滅陳友諒甲辰稱吳王丁未九月克平江執吳王張士誠冬十月移師北克燕京滅元戊申洪武元年正月乙亥卽皇帝位建都應天爲南京在位三十一年七十一歲戊寅夏閏五月乙酉崩謚高皇帝廟號太祖年號洪武

明惠帝

丁巳　壬子　己卯　癸酉

名允炆太祖孫懿文太子標第二子洪武十年十一月己卯酉時生母妃呂氏性至孝壬申四月

父薨，居喪毀瘠。太祖撫之曰：而誠純孝，顧不念我乎，九月，立爲皇太孫。戊寅閏五月辛卯，卽帝位。召川方孝孺等，典章制度，銳意復古。建文元年己卯，燕王棣舉兵反。四年壬午六月，京師陷，帝祝髮徧遊西南山川。六十四歲，正統五年九月，還老於大內。在位四年，年號建文，清追謚恭閔惠帝。

明成祖

庚子　辛巳　癸酉　辛酉

名棣，太祖四子。元至正二十年生。母孝慈高皇后。洪武三年庚戌五月，封燕王。惠帝納齊泰、黃子澄謀，以諸王多不法，欲因事削除。建文元年己卯七月，帝舉兵叛，稱其師曰靖難。壬午六月乙丑陷京師，卽帝位。族方孝孺等。以北平爲北京，遷都之。整理內政，外征安南、韃靼、瓦剌、阿魯台等。武功頗盛。在位二十二年。六十五歲，甲辰秋七月辛卯，崩於榆木川行在。謚文廟，號成祖。年號永樂。

明仁宗

丁卯　已酉　辛巳　已丑

名高熾，成祖長子。洪武二十年生。母燕王妃徐氏，卽仁孝文皇后。乙亥，冊立爲燕王世子。成祖數北征。命帝監國。裁決庶政。四方水旱饑饉。輒遣賑恤。仁聞大著，鄒王高煦高燧日伺隙讒搆，帝不爲意。甲辰秋八月丁巳卽位。明年四十八歲乙巳五月辛巳崩。謚昭。廟號仁宗。年號洪熙

明憲宗

丁卯　壬子　庚寅　丙子

名見深。英宗長子。正統十二年生。母貴妃周氏。己巳八月。立爲皇太子。景泰三年壬申五月。廢爲沂王。天順元年丁丑四月。復立爲皇太子。八年甲申正月乙亥卽位。詔雪于謙寃。十一年乙未，改謚郕戾王爲景皇帝。置西廠。以太監汪直領之。直燄愈熾。擅行逮問。易置近臣。太監梁芳等，爲奇技淫巧。結萬貴妃歡。累朝積金七窖俱盡。在位二十三年。四十歲丁未秋八月己丑崩。謚純，廟號憲宗。年號成化。

明孝宗

庚寅　甲申　己卯　甲子

名祐樘。憲宗第三子。成化六年生。母貴妃紀氏。卽莊僖淑妃。十一年乙未十一月癸丑。立爲皇太

子。成化二十三年丁未九月壬寅。卽帝位。逮太監梁芳等。謫戍死。停納粟例。帝恭儉有制。勤政愛民。故一時朝序清明民康物阜。在位十八年。三十六歲乙丑夏五月辛丑崩。諡敬。廟號孝宗。年號弘治。

明武宗

辛亥　戊戌　丁酉　戊申

名厚照。孝宗長子。弘治四年生。母孝康敬皇后張氏。五年壬子三月戊寅。立爲皇太子。弘治十八年乙丑五月壬寅。卽帝位。帝於佛經梵語無不通曉。自稱大慶法王西天覺道圓明自在大定慧佛。築豹房新寺於禁內。恣聲伎爲樂。嘗微行至宣府。數夜入人家索婦女大樂忘歸。稱曰家裏。十四年己卯六月。甯王宸濠反。七月王守仁討平之。九月帝以親征。遂如南京。江彬導帝肆意漁獵。庚辰十月還京遘疾。在位十六年。三十一歲辛巳春三月丙寅崩於豹房。諡毅。廟號武宗。年號正德。

明世宗

丁卯　己酉　辛巳　己丑

名厚熜。憲宗孫。興獻王祐杬長子。正德二年生。母興獻王妃蔣氏。十四年己卯。父薨。帝年十三。以世子理國事。辛巳三月辛酉除服。特命襲封。武宗崩無嗣。迎立之。四月癸未卽帝位。誅江彬。嘗宿曹妃宮。嘉靖二十二年癸卯三月。宮婢楊金英伺帝熟寢。以組縊帝項。未絕。皇后馳救得甦。收曹妃金英等。磔於市。時權歸嚴嵩。久始罷之。帝晚年求方術益急。分遣御史求方書。後服方士王金等丹藥。遂崩。時在丙寅冬十二月庚子。在位四十五年。壽六十歲。謚肅。廟號世宗。年號嘉靖。

明穆宗

丁酉　癸卯　癸卯　辛酉

名載垕。世宗第三子。嘉靖十六年生。母康妃杜氏。十八年己亥二月封裕王。四十五年丙寅十二月庚子卽位。召用建言得罪諸臣。死者恤錄。方士悉付法司治罪。減賦息民。澆鄭宵謡。稱繼體守文之主。在位六年。三十六歲。壬申五月庚戌崩。謚莊。廟號穆宗。年號隆慶。

明神宗

癸亥　辛酉　癸亥　辛酉

名翊鈞。穆宗第三子。嘉靖四十二年生。母貴妃李氏。隆慶二年戊辰三月辛酉。立爲皇太子。六年壬申六月甲子卽位。帝遣中官開礦。擾及良民。又增設各省稅使。由此民不聊生。變亂蠭起。時清兵屢侵邊。始命熊廷弼經略遼東。在位四十八年。五十八歲。庚申七月丙申崩。謚顯。廟號神宗。年號萬曆。

明光宗

壬午　己酉　丙申　乙未

名常洛。神宗長子。萬曆十年生。母恭妃王氏。二十九年辛丑十月己卯。立爲皇太子。乙卯五月己酉。有薊州男子張差。持挺入宮。時鄭貴妃謀危太子。及差被執。辭連貴妃。太子請帝毋株連。遂磔差於市。其事乃止。四十八年八月丙午卽帝位。貴妃使內侍進洩藥。帝由此委頓。鴻臚寺丞李可灼進紅丸。帝服之。九月乙亥卯刻遂崩。在位一月。年三十九。謚貞。廟號光宗。年號泰昌

明熹宗

乙巳　戊子　甲午　甲子

名由校光宗長子萬曆三十三年生母選侍王氏四十八年庚申神宗崩遺詔皇長孫及時册立未及行九月乙亥光宗崩庚辰卽位帝性機巧好親斧鋸錐鑿髹漆之事魏忠賢與帝乳母客氏相結擅威福流毒搢紳在位七年二十三歲丁卯八月乙卯崩無子弟信王由檢卽位謚哲廟號熹宗年號天啓

明思宗

辛亥　庚寅　乙未　己卯

名由檢光宗第五子萬曆三十八年庚戌十二月生母賢妃劉氏早薨天啓二年壬戌封信王丙寅出居信邸熹宗卒無嗣八月丁巳入卽帝位放死魏忠賢誅客氏等贈恤冤陷諸臣毀三朝要典時清室日強屢爲邊患李自成張獻忠復爲亂於國中流賊縱橫民不安枕甲申二月自成陷京師三月丁未內城陷帝自縊於煤山而明遂亡在位十七年年三十四謚端南都謚思宗改謚毅宗又稱懷宗年號崇禎

○清

清世祖

戊寅　乙卯　甲午　甲戌

姓愛新覺羅。名福臨。自號癡菴道人。太宗第九子。崇德三年正月三十日戌時生。母永福宮莊妃。博爾濟錦氏。即孝莊文皇后。六歲。八年癸未八月二十六日襲位。從父睿親王多爾袞。鄭親王濟爾哈朗。同輔政。甲申紀元順治。實爲明之崇禎十七年。四月命多爾袞率師經略中原。五月得明天下。九月自盛京遷都燕京。十月初一日即皇帝位。定國號仍曰清。紀元仍曰順治。命多爾袞獨攝政。乙酉五月滅明福王。六月下令薙髮。旋滅流賊李自成。七月下令易服制。丙戌十二月滅明唐王並流賊張獻忠。辛卯正月十二日親政。壬辰十二月西藏達賴喇嘛入覲受封。癸巳閏六月琉球內屬。十八年辛丑正月初七日丁巳子時。病痘崩於養心殿。年二十四。康熙二年癸卯六月。葬孝陵。謚章。子八人。女六人。

清聖祖

甲午　戊辰　戊申　丁巳

名玄燁，自號體元主人。世祖第三子。順治十一年三月十八日巳時，生於景仁宮。母世祖妃佟氏，即孝康章皇后。辛丑正月，世祖大漸，爲帝特定漢字御名，清之避御名，自此始。旋遺詔立爲皇太子，嗣大統。十九日即皇帝位於太和殿，時年八歲，以內大臣索尼、蘇克薩哈、遏必隆、鼇拜四人輔政。十二月，滅明桂王，天下混一。康熙五年丙午五月，安南黎氏內屬。丁未七月初七日己酉親政。癸丑十二月，暹羅內屬。十一月，滇藩吳三桂反，閩桂相繼起，雲南、貴州、福建、兩廣、四川、陝西諸省，俱遭蹂躪。辛酉十月，以次蕩平。癸亥八月，征降臺灣鄭氏，改置郡縣。辛未四月，喀爾喀全部內附。至是外蒙古皆服。丁丑閏三月，擊殺噶爾丹，朔漠平。十一月，青海內附。丁酉八月，西藏被侵，庚子八月平之。辛丑四月，臺灣亂，六月平。在位南巡者六，東巡者一，出塞者四，幸五台者四。六十一年壬寅十一月十三日戌時，崩於暢春園，壽六十九歲。雍正元年九月，葬景陵，謚仁廟，號聖祖，年號康熙，著有御製詩文集。子三十五人，女二十人。

清世宗

戊午　甲子　丁酉　壬寅

名胤禛。聖祖第四子。其初行次爲第十一。康熙十七年十月三十日寅時生。母烏雅氏，卽孝恭仁皇后。戊寅三月封多羅貝勒。癸未正月隨駕南巡。己丑三月晉封和碩雍親王。壬寅十一月二十日遵遺命卽皇帝位於太和殿。雍正元年癸卯五月青海叛。甲辰三月削平。丁未二月勦滇黔苗疆。五月西藏叛亂。戊申十二月平之。癸亥十二月準噶爾侵西陲。丁卯五月許準噶爾納款定界。十三年乙卯八月二十三日己丑子時崩於圓明園。壽五十八歲。乾隆二年丁巳三月葬泰陵。諡憲廟號世宗。年號雍正。著有御製詩文集。子十八人。女四人。

清高宗

辛卯　丁酉　庚午　丙子

名弘曆。世宗賜號長春居士。後嘗自號信天主人。七十後自稱古稀天子。又稱十全老人。爲世宗第四子。其初行次爲第五。康熙五十年八月十三日子時生於雍親王藩邸。母王府格格鈕祜祿氏，卽孝聖憲皇后。壬寅三月聖祖命養之宮中。雍正十一年癸丑二月封和碩寶親王。乙卯五月。

命入值辦理苗疆事務處。八月遺詔立爲皇太子。嗣大統。九月初三日己亥。卽皇帝位於太和殿。
乾隆元年丙辰七月。征服苗疆丁卯二月大金川叛己巳正月平之。庚午十月西藏叛亂旋定辛未六月緬甸內屬，癸酉五月準部亂乙亥五月平之己卯十月平回部丙戌正月緬甸叛辛卯八月小金川叛是年緬甸滅暹羅丙申二月平小金川丙午十二月暹羅國復內屬。臺灣亂戊申正月平之。五月安南黎氏滅六月緬甸仍內屬七月廓爾喀寇後藏己酉六月安南阮氏仍內屬。尋其王入覲。壬子六月擊降廓爾喀遂內屬在位南巡者六東巡者六皆登泰山謁曲阜西巡者一。幸嵩洛幸五臺者五。卽位六十年旣滿明年嘉慶元年甲寅正月朔日御太和殿內禪遂稱太上皇帝。退居甯壽宮。仍訓政四年丁已正月初三日辰時崩於養心殿。壽八十九歲九月葬裕陵諡純。廟號高宗。年號乾隆。文德武功爲一代之冠。著有樂善堂集及御製詩文集子十七人。女十人。

清仁宗

庚辰　丁亥　丁丑　辛丑

名顒琰。初名永琰。高宗第十五子乾隆二十五年十月初六日丑時。生於圓明園之天地一家春。

母貴妃魏氏。卽孝儀純皇后。己酉十一月。封和碩嘉親王。乙卯九月。立爲皇太子。嘉慶元年丙辰正月朔日戊申。受高宗內禪。卽皇帝位於太和殿。高宗訓政。旋白蓮賊起。川陝湘鄂諸省迭陷迭復。己未正月初三日壬戌。親政。壬戌十二月。賊亂肅清。癸亥六月。改安南國號曰越南。九月。教匪林清犯闕伏誅。二十五年庚辰七月。秋獮木蘭。是月二十五日己卯戌時。崩於熱河行宮。壽六十一歲。道光元年辛巳三月。葬昌陵。謚睿。廟號仁宗。年號嘉慶。著有御製味餘書室集。子五人。女九人。

清宣宗

壬寅　　己酉　　甲戌　　丙寅

名旻寧。初名綿寧。卽位後改今名。仁宗第二子。乾隆四十七年八月初十日寅時。生於擷芳殿中所。母皇子嫡妃喜塔臘氏。卽孝淑睿皇后。嘉慶十八年癸酉九月。以禁籞擊賊功。封和碩智親王。庚辰七月。隨駕駐熱河行宮。仁宗疾大漸。以爲皇太子。尋還宮。八月二十七日庚戌。卽皇帝位於太和殿。道光五年乙酉九月。回酋叛。陷新疆西四城。丁亥三月。克復。庚子。以禁販鴉片事。與英吉利開釁。六月英人攻陷定海。辛丑七月陷廈門。九月陷甯波。壬寅六月陷鎭江江甯。旋議款割香港予英。並開廣州福州廈門甯波上海等五處爲通商口岸。三十年庚戌正月十四日丁未崩於圓明園愼德堂大行皇太后苫次。壽六十九歲。咸豐二年壬子三月葬慕陵。謚成廟號宣宗年號道光。著有御製養正齋書集。子九人。女十人。

清文宗

辛卯　乙未　己丑　乙丑

名奕詝。宣宗第四子。道光十一年六月初九日丑時生於圓明園之澄靜齋。卽後更爲基福堂也。母全貴妃鈕祜祿氏。卽孝全成皇后。二十歲。庚戌正月二十六日己未卽皇帝位於太和殿。六月。髮賊洪秀全起廣西桂平之金田村。咸豐元年辛亥。捻賊起河南。癸丑正月髮賊竄陷江甯。據爲僞都。大江南北十餘行省郡縣迭被陷沒。丁巳十二月英法聯軍陷廣州。戊午四月陷大沽。五月。議款。開漢口九江江甯鎭江牛莊登州臺灣潮州瓊州等處爲通商口岸。庚申七月聯軍復陷天津。八月初八日己巳車駕出狩熱河。九月與英法議欵。開天津爲通商口岸。並割九龍予英。十一年辛酉七月十七日癸卯寅時。崩於熱河行宮之煙波致爽殿。年三十一。同治四年乙丑九月。葬定陵。諡顯。廟號文宗。年號咸豐。著有御製履信書屋集。子一人。女一人。

清穆宗

丙辰　壬辰　庚辰　癸未

名載淳。文宗長子。咸豐六年三月二十三日未時。生於圓明園之儲秀宮。母懿嬪葉赫納喇氏。即孝欽顯皇后。庚申八月隨侍熱河行宮。辛酉七月十六日文宗不豫。立帝為皇太子。九月二十九日駕還京師。十月初九日甲子。即皇帝位於太和殿。十一月。兩宮皇太后鈕祜祿氏。葉赫納喇氏垂簾訓政。同治元年壬戌。雲南叛回起。陷城邑。甲子五月。俄羅斯奪藩部霍罕。六月克復江甯。髮賊平。東南諸省亂定。丙寅正月。新疆叛回陷伊犂。戊辰六月。捻賊肅清畿輔及河南北諸省定。己巳九月。暹羅請改貢道。不許。自是貢亦不至。辛未五月。俄人據伊犂。癸酉正月二十六日。帝親政。五月。滇黔回亂肅清。域內平。十三年甲戌十一月初十日己酉病痘。復由兩宮皇太后訓政。十二月初五日甲戌酉時。崩於養心殿。年十九。或謂帝以微行蘊毒致疾不起。光緒五年己卯三月。葬惠陵。諡毅。廟號穆宗。年號同治。無子。初以從弟端郡王載漪子溥儁入嗣。後廢之。光緒三十四年戊申。復以宣統帝爲嗣。

清德宗

辛未　丙申　丁亥　庚子

名載湉。文宗弟醇親王奕譞之第二子。同治十年六月二十八日子時。生於太平湖潛邸之槐蔭齋。母醇親王嫡福晉葉赫納喇氏。即孝欽顯皇后胞妹也。後以避孟秋時享齋期。改以是月二十六日。爲萬壽節。四歲。十三年甲戌十二月初五日甲戌。穆宗崩。帝入承大統。爲嗣皇帝。兩宮皇太后鈕祜祿氏。葉赫納喇氏垂簾訓政。光緒元年乙亥正月二十日戊午。即皇帝位於太和殿。丁丑十一月。新疆以次克復。尋改置郡縣。己卯三月。日本滅琉球。辛巳正月。俄人還伊犁。三月。皇太后[illegible]葉赫納喇氏獨訓政。乙酉四月。法人取越南。十一月。英人滅緬甸。丁亥正月十五日癸卯。帝親政。皇太后猶訓政。十月。以澳門永租於葡萄牙。己丑二月初三日己卯。皇太后始歸政。二十年甲午日本侵略朝鮮。發兵救之。連戰皆敗。海軍全覆。十月。日本陷遼東。乙未三月。議款。割台灣澎湖。廳朝鮮爲自主國。開沙市重慶蘇州杭州等處爲通商口岸。五月。日本歸遼東侵地。戊戌二月。以膠州灣租於德。三月。以旅順大連灣租於俄。五月。以威海衛租於英。川康有爲等計力行新政凡百日。八月初八日己丑。皇太后復訓政。幽帝於西苑瀛臺。己亥十月。以廣州灣租於法。庚子五月。拳匪仇外肇亂。七月二十一日庚申。英俄德法美意奧日本等八國聯軍攻陷京師。帝出狩西安。辛丑十月。議和約成。賠款四百五十兆兩。十一月二十八日還京。乙巳十一月。以旅順大連灣租借權移於日本。丙午七月。下詔預備立憲。三十四年戊申十月二十一日癸酉酉時。崩於瀛臺。年三十八。民國二年癸丑十一月。葬崇陵。謚景廟號德宗。年號光緒。無子。以宣統帝兼祧。

清遜帝

丙午　庚寅　壬午　丙午

名溥儀。德宗弟醇親王載灃長子。光緒三十二年正月十四日午時。生於十剎海潛邸。母醇親王嫡福晉瓜爾佳氏。大學士榮祿女也。三歲戊申十月二十一日癸酉。入嗣穆宗兼祧德宗爲嗣皇帝。本生父載灃攝政。十一月初九日辛巳。卽皇帝位於太和殿。明年己酉紀元宣統。三年辛亥八月。革命軍突起武漢。各省風從。遂廢大清帝制。改建中華民國。迫帝遜位。給歲費四百萬元。仍居禁城。民國六年丁巳五月。張勳擁帝復辟。未成。壬戌十月十三日癸卯大婚。十三年甲子十一月。馮玉祥既背曹錕。據京師。逐帝出宮。遂以庶民居天津。永廢帝號。

甲編下 后妃類

明神宗皇后

甲子 乙亥 癸酉 壬子

氏王。十五歲萬歷六年戊寅三月以妃立爲后。五十七歲。萬歷四十八年庚申四月崩。

明熹宗皇后

丁未 辛亥 乙丑 癸未

氏張。河南祥符縣監生張國紀女。十五歲天啓元年辛酉四月。以妃立爲后。無子。三十八歲。崇禎十七年甲申三月。李自成陷京師。思宗及皇后等皆殉難。獨后入成國公第。未知所終。

清孝貞皇后

丁酉　戊申　丁亥　丙午

文宗后氏鈕祜祿。廣西右江道穆揚阿女。道光十七年七月十二日午時生。咸豐二年壬子二月封貞嬪。五月晉貞貴妃。十月立爲皇后。時年十六。少於文宗十二歲。庚申八月。從車駕出狩熱河。辛酉七月。穆宗嗣位。尊爲慈安皇太后。九月。還宮。十一月初一日乙酉。偕孝欽后御養心殿垂簾訓政。時年二十五。世人稱爲東太后。同治十二年癸酉二月。穆宗親政。甲戌十一月初十日已卯。穆宗病痘。復訓政。光緒七年辛巳三月初十日壬申戌刻暴崩。或云實爲孝欽后所酖也。年四十五。謚孝貞等十四字。

清孝欽皇后

乙未　丁亥　乙丑　丁亥

文宗妃。穆宗母。氏葉赫納喇。安徽徽甯池太廣道惠徵女。道光十五年十月初十日亥時生。咸豐元年辛亥被選入宮。初賜號爲懿貴人。甲寅十一月。册封懿嬪。丙辰三月。生皇長子。是爲穆宗。旋晉懿妃。丁巳十二月。晉懿貴妃。庚申八月。隨侍車駕出狩熱河。辛酉七月。穆宗嗣位。尊爲慈禧皇太后。九月還宮。十一月初一日乙酉。同孝貞后御養心殿垂簾訓政。時年二十七。世人稱爲西太后。同治十二年癸酉二月。穆宗親政。甲戌十一月初十日己卯。穆宗病痘。復訓政。光緒七年辛巳三月。孝貞后崩。遂獨訓政。戊子。以籌辦海軍鉅款移築頤和園。成。己丑二月初三日己卯。始歸政德宗。戊戌八月初八日己丑。幽德宗。復訓政。庚子五月。信用義和團拳匪仇外肇亂。七月。八國聯軍攻陷京師。后挾德宗出幸西安。辛丑十一月。還京。戊申十月二十一日癸酉。宣統帝入承大統。尊爲太皇太后。翼日甲戌未刻崩。壽七十四。謚孝欽等二十二字。

清孝定皇后

丁卯　癸丑　己未　乙亥

德宗后。氏葉赫納喇。副都統桂祥女。孝欽后姪女也。同治七年正月初十日亥時生。光緒十四年戊子十月。孝欽后爲德宗納聘之。己丑正月。立爲皇后。庚子七月。從車駕赴西安。辛丑十一月。同還京師。戊申十月。宣統帝入承大統。稱兼祧母后。尊爲隆裕皇太后。宣統三年辛亥十二月二十五日戊午。率同皇帝下詔遜國。民國二年癸丑正月十七日甲戌。崩於故宮。淸謚孝定等十二字。

清端康皇貴妃

甲戌　癸酉　庚寅　壬午

德宗妃、氏他他拉。總督裕泰女孫侍郞長敍女。同治十三年八月二十日午時生。光緒十四年戊子十月、封爲瑾嬪。時年十五、甲午正月晉封瑾妃、十月以事忤太后旨、降爲貴人、乙未十一月。仍册封瑾妃、庚子七月、隨侍西巡、戊申十月、宣統帝立。尊爲皇太妃、上尊號曰端康。民國成立。仍居宮中。甲子冬十月卒。年五十一、

清恪愼皇貴妃

丙子　庚寅　甲子　甲子

德宗妃。氏他他拉。端康妃胞妹也。光緒十四年戊子十月。年十三。與姊同時被選。封爲珍嬪。甲午。同時晉封珍妃、復同時降爲貴人。明年仍册封珍妃。庚子七月。京師陷殉難。年二十五。或云慈禧太后惡之。西奔時命妃投宮內井中死也。二十五年辛丑十一月。德宗還宮。追封爲珍貴妃。葬西直門外。後追謚恪愼。

張其鍠評命遺蹟

張於易理子平六壬奇門諸學。皆篤嗜深詣。而於命理頗自負。此爲合肥李仲老所評者。茲從李氏假得手蹟。特付影印。

編者誌

李伊老　甲己年立春後五日亥時

辛

劫　乙未　官劫印

印　丁卯　刃　官

戊午　劫印

才　壬子　冲刑卯　財

時上偏財格

戊生卯月。雖不當令。然印比重重

五　丙寅
15　乙丑
25　甲子
35　癸亥
45　壬戌
55　辛酉
65　庚申
75　己未

日元有氣，生子正時，他枝不雜，此生時上偏財格也。未中乙官為年合去，獨用月建正官，去劫存財，換年刃而為貴，無謂（書註）正官帶刃，掌兵權之威權，此之謂美。子從天亥全，四運用財生官，飛黃騰達，了無疑義。戊辰運與卯未（來）會木局（上九華書記閱），又衰甲

氣。美中有憾，壬運合丁化火，體
用兩全，斯為完美。戊運為墓庫
之地，破壬刑未。雖當然得利，辛運
破官，亦不佳。酉運沖剋卯建。發
辛卯之差。然去年歲運并臨。于
又運辛巳。安然過去。以後便無大
患也。緣卯寅之用。在備我以立功

顧向以日元所托命，名與功名無涉。沖剋亦復何傷。今歲壬戌，雖犯刑未，且為墓庫之鄉。然與辛酉相後，已為後者，且壬為偏財，足以福我。所剋或所不免。身體定可平安。癸亥以後，均屬坦途。老年行偏食運，優游林下，最為相宜。但不官同此事異。七十六歲已運劫財之地。常非所宜。子水正財疊逢刑沖。非有斷弦之戚。必定脫輻之災。壬水偏才出頭。丁壬相合。主有專房之寵。卯官逢旺。子必克家。

◉唐李虛中命書

此唐李虛中所著。明季收入永樂大典。清四庫全書。又從永樂大典中採錄而出者。爲命學有名價之古籍。千年以來。迄無傳刊之本。學者憾焉。茲從合肥李氏假得所藏傳鈔四庫祕本。特付梓印。以公同好。 編者誌

●韓昌黎撰李虛中墓誌銘

殿中侍御史李君名虛中字常容其十一世祖冲貴顯拓跋世父惲河南溫縣尉娶陳留太守薛江童女生六子君最後生愛於其父母年少長喜學學無所不通最深於五行書以人之始生年月日所直日辰支干相生勝衰死王相斟酌推人壽夭貴賤利不利輒先處其年時百不失一二其說汪洋奧美關節開解萬端千緒參錯重出學者就傳其法初若可取卒然失之星官曆翁莫能與其校得失進士及第試書判入等補校書正字母喪去官卒喪選補太子校書河南尹奏疏授伊闕尉佐水陸運事故宰相鄭公餘慶繼尹河南以公為運佐如初宰相武公元衡之出劍南奏奪為觀察推官授監察御史未幾御史臺疏言行能高不宜用外府卽詔為真御史半歲分部東都臺遷殿中侍御史元和八年四月詔徵既至宰相欲白以為起居舍人經一月疽發背六月乙酉卒年五十二其年十月戊申葬河南洛陽縣距其祖澠池令府君僑墓十里君昆弟六人先君而歿者四人其一人嘗為鄭之滎澤尉信道士長生不死之說既去官絕不營人事故四門之寡妻孤孩與滎澤之妻子衣食百須皆由君出自初為伊闕尉佐河南水陸運使換兩使經七年不去所以為供給教養者及由蜀來輩類御史皆樂在朝廷進取君獨念寡稚求分司東出嗚呼其仁哉君亦好道士說於蜀得祕方能以水銀為黃金服之冀果不死將疾謂其友衛中行大受韓愈退之曰吾夢大山裂流出赤黃物如金左人曰是所謂大還者今三矣君既歿愈追占其夢曰山者艮艮為背裂而流赤黃疽象也大還者大歸也其告之矣妻范陽盧氏鄭滑節度使兼御史大夫羣之女與君合德親戚無一退言男三人長曰初協律次曰彪其幼曰還適三歲女子九人銘曰　不贏其躬以尚其後人

欽定四庫全書提要

李虛中命書三卷。舊本題鬼谷子撰。唐李虛中註。虛中字常容。魏侍中李冲八世孫、進士及第。元和中、官至殿中侍御史。韓愈爲作墓誌銘。見於昌黎文集。後世傳星命之學者。皆以虛中爲祖。愈墓誌中所云、最深五行書。以人之始生年月日所直日辰支干相生勝。衰死王相斟酌。推人壽夭貴賤利不利。輒先處其年時。百不失一二者是也。然愈但極稱其說之汪洋奧美萬端千緒。而不言有所著書。唐書藝文志亦無是書之名。至宋志始有李虛中命書格局二卷。鄭樵藝文略。則作李虛中命術一卷。命書補遺一卷。晁公武讀書志又作李虛中命書三卷。焦氏經籍志。又於命書三卷外。別出命書補遺一卷。名目卷數。皆參錯不合。世間傳本久絕。無以考正其異同。惟永樂大典所收。其文尚多完具。卷帙前後。亦頗有次第。並載有虛中自序一篇。稱司馬季主於壺山之陽。遇鬼谷子。出遺文九篇。論幽微之理。虛中爲之注釋、其說誣誕不具錄。詳勘書中義例。首論六十甲子。不及生人時刻干支。其法頗與韓愈墓誌所言始生年月日者相合。而後半乃多稱四柱。其說實起於宋時。與前文殊相繆戾。且其他職官稱謂多涉宋代之事。其不盡出虛中手。尤爲明甚。中間文筆有古奧難解者。似屬唐人所爲。又有鄙淺可嗤者。似出後來附益。眞僞雜出。莫可究詰。疑唐代本有此書。宋時談星學者。以己說闌入其間。託名於虛中之註鬼谷以自神其術耳。今以其議論精切近理。多得星命正旨。與後來之杳邈恍惚不同。故依晁氏原目釐爲三卷。著之於錄。以存其法。而於其依託之顯然者。則各加案語。隨文糾正。俾讀者毋爲所惑焉。

李虛中命書卷上

甲子天官藏是子旺母衰之金溺于水下而韜光須假火革有旺盛之氣方可以揚名顯用（命入貴格明暗取官）

乙丑祿官承乃庫墓守財之金不嫌鬼旺之方喜見祿財之地水土砥礪忽然有氣亦可以爲器成材（平和貴格不須祿到）

丙寅祿地元是子母相承之火先煙後焰抽其明而三進喜木爲助嫌水淩遲五行相養雖在死方亦可光耿（命入貴格不用干祿）

丁卯貴祿奇乃本旺祿休之火惟欲陰旺惡處盛陽若火木相資連于艮震之方必能變鼎味而成享禮也（欲逢官鬼始得貴奇）

戊辰神頭祿乃華實兼榮之木愛乎水土忌見火金有所養於金乃英實之命也（相乘可貴）

不長鬼臨

己巳地奇備。乃氣盛體剛之木。生逢對旺。干鬼相加。或木來比助。金伐以成。爲棟梁之材。皆得終美。貴無官鬼須見角音

庚午天祿承。是含輝始育之土。氣數未備。惟喜旺方。得數已完。尚嫌水重。若獨祿會命旺身絕。豈是貴地。祿鬼自處不假官鬼

辛未祿自藏。乃自本立形之土。有火相助。得木相乘。水輕木重。亦可以小康。若敗而乘祿多方。爲厚載之福。喜見干運不鬼木重

壬申地天祿。乃自任權制之金。剛而有斷。愛土木而嫌火重。雖居財旺身衰。亦主清華之貴。眞假財官貴之爲貴

癸酉貴符印。乃剛銳利用之金。不嫌絕敗。惟畏鬼多。若平易而不相刑。當有自然之財器。庚辛無鬼不假官貴

甲戌祿臨官。乃墓成息用之火。不求壯旺。欲物平貧。福祿可以高厚。入格可貴壬不必官
乙亥地祿承。爲氣散遊魂之火。生于木火榮方。上下不逢相制。僅而成達。多助尤崇。貴官相制得鬼亦崇
丙子天祿承。乃深沈停會之水。若會源得生。用制于東南。爲出常之器。自有貴官佳期祿位
丁丑祿自守。乃漸下欲流之水。得水土相承。經于敗地。源脈不斷。可升而濟物。功德昭著也。丑有癸藏不明見官
戊寅地官承。乃生體安和之土。若資之以火。土俱盛。金旺之榮。雖多反制。尚可高崇。爲不常之用。得官不旺貴出自然
己卯地官承。爲鬼旺體堅之土。生于金重木多。而見財重。乃富貴常遠。得官不旺貴出自然
庚辰祿晤會。乃顯光之金。而未成材。金剛 土重。得期相會。無炎火之官。乃大臣之制。不假祿合祿干尅期

辛巳地官承。爲資始之金。身堅而體柔。欲平火之制。若金助土生。則爲光大之器。(丙官在下務貴干祿)

壬午天官合。乃化新之木。畏在火強。得水資之。或處生旺。而逢土亦可富貴。若獨見金制。在死敗之鄉。非長久之命。(丁壬德合貴任旺官)

癸未祿自備。爲伐根之木。氣敗而體柔。不嫌金制。喜水之榮。及會元而借生主。乃重器成德之材。(癸在巳中喜逢甲乙)

甲申地祿生。乃源泉之水。務有資助。流長而無鬼。則爲運廣之淵。可享高厚之福。(祿始生要干生旺而無官)

乙酉貴還命。乃母旺進趨之水。若資以金濟用。以火自乾東而震北。亦超卓輔弼之用。(干支無官會合而貴)

丙戌祿德合。乃祿資支附。堅固火鍾之土。若資之以木。光耀不羣。蓋本重不須旺也。

自有卒符不畏偏貴

丁亥地貴符。乃福壯臨官之土。若潤之以水。麗澤以金。處魁罡坤艮之方。可以顯功遂名。貴守官藏眞鬼德旺

戊子天祿合。乃神龍之火。利於震巽。不畏水刑。支干得官。皆可顯用。水木盛則尤佳。自有發財不必會祿

己丑神頭祿。乃餘光不凡之火。惟期體重。不假寄財。若祿有資。而命有成。方入康榮之貴局。貴財相會無祿亦榮

庚寅地奇備。不避刑衝。甯辭衰敗。乃五行堅實之木。若和柔之氣。德貴相符。必作顯揚大用。祿位生旺得官鬼祓

辛卯貴衙命。自旺經制之木。不畏霜雪。氣節凌雲。可制之以金。損之以火。而逢旺相卽成巨室之材。若平易而無金火。生於曲直之會。亦爲貴重矣。祿命相繫不畏官耗

壬辰祿清潔。乃會貴守成之水。五行不雜。在兌坎之間。無物來制。即文明清異之資。可享高厚之福。（喜于寅亥見戌亦清）

癸巳地帶合。乃流遠澄清之水。若溢之以水。在火本榮音方中。無土則有濟物惠施之德也。（巽氣得用官氣尤清）

甲午天符祿。乃沙汰之金。志大而有節操。或零火蓋之而嚴。或旺金集之而剛。不遇丁壬。始可淘　之寶。（祿神敗而食干欲要剛而子柔）

乙未祿印綬。乃強悍剛礦之金。欲金相用。在火盛處。父子相乘。皆為珍寶。（德神當位喜見印官）

丙申地官承。乃無資之火。金木壯旺而有制。得干生即為厚實。若祿盛而無依。即灰飛而不焰矣。（官在生方不須癸壬）

丁酉貴自承。乃平易無為之火。得木旺則火炎。見木多則成用。得火助則不清。在火位則常存。人生得此。無不貴豪。（丁逢丙貴見台不清）

戊戌神頭祿。乃不材之木。喜逢水旺。乃可資榮、豈厭生成。伐宜金敗。眞運自然。不嫌祿鬼方。可高崇。明合暗官成于旺方

已亥地官承。乃糞水育苗之木。水土多而臨旺。皆有成就。然逢敗絕爲殃。亦主富貴榮盛、干支財祿畏彼官鬼

庚子天雲日承。乃氣過浮虛之土。得重土相資。水木不剛。即享福壽、官鬼不刑衰絕自保

辛丑祿承庫。乃氣衰就本之土。欲承之以火。制之以木。或重遇木土有刑衝。須假祿元生旺。造化應斯。功名可立。官鬼不加祿剛則貴

壬寅地會義。乃藏用體柔之金。喜土資之以旺。財官不可太剛。若能應此。富貴久遠。艮土包命祿須貴旺

癸卯貴會源。乃財旺體弱之金。財命相乘。喜身在生旺之方。或得眞官眞氣。無不配合貴源。莫不易而厚祿也。貴源多會不在多逢

甲辰祿馬承乃始壯之火欲多生我或會本源却無炎光之極自然超卓水輕而無土亦可騰達矣（甲丙居寅明我生氣）

乙巳地官承乃進功之火欲輔助之不息不必旺極得火水相乘雖死敗而可貴（或同背殺）（丙亦午貴）

丙午神頭祿乃至陰之水發于陽明蒸氣氤氳何所不及處金木旺而衝刑祿得炎而財盛始可貴矣（身同官鬼不避掩衝）

丁未祿文承乃祿旺育生之水宜于水火之中得五行死敗之氣祿干自旺財貴會于乾方乃貴富顯揚之用唯嫌土在旺鄉卽非長久（喜遇丙丁畏官常用）

戊申地符會乃柔順發生之土喜臨四季得木爲榮獨居水火榮方未得尊高之著

（眞官符用不畏鬼臨）己酉　貴承乃子旺母衰之土喜火土之榮慶從革之地或水輕木柔亦是滋生之

德儻能應此。軒冕非難。（不必正應　要逢辛丙）

庚戌祿符元。乃鈍弱成用之金。火輕金重。魁罡相乘。可以休逸。福祿自然。忌木火之極。則命迍邅。（旺逢要鬼　畏鬼及柔）

辛亥地祿印。乃木旺祿休之金。得平火之革。然後制於尅伐。或衝擊於金水之中。得以平安守職。富貴優遊。（喜于金助　不畏丁火）

壬子神頭祿。乃體柔用剛之木。居旺相而得金。遇貴地而無火。則可以揚名當世。（祿旺　須官）（背盛　畏鬼）

癸丑祿得源。乃剛柔相濟之木。水土承于旺方。則生育利物。金制於生成。皆可立功立事。惟恐生旺逢火。（祿居北地　畏鬼掩衝）

甲寅神頭祿。乃淵深處靜之水。若資之木旺土衰。則為奇特貴異。（庚辛不畏　濟在丁壬）

乙卯神頭祿。乃死中受氣之水。雖敗無妨。或會源于音地。未有不達之者。此二水皆

喜土而淸。若水多而無土。則爲伏寒之氣。（癸居爲官勝于戊己）

丙辰祿自裕。乃發施養生之土。喜于火助。不畏掩衝。夫如是者自然榮貴。（水在庫中無官自貴）

丁己神頭祿。是絕中受氣之土。喜逢土助。不畏死敗。惟能朝命建元。可以文章妙選。（上下火乘鬼無害也）

戊午天祿備。乃神發離明之火。旺中受絕。喜木助于衰方。忌火乘于巳旺。生之應此。必作魁英。（氣假居旺木盛不傷）

已未神頭祿。乃成功之火。得季夏之炎陽。守小吉之貴地。生自東北之南。有所資附。則能享福厚矣。（甲己扶持不須更旺）

庚申神頭祿。乃未堅柔末之木。春相夏旺。金重而得火。土重而得水。則爲出常之器。（不畏傷官要官鬼旺）

辛酉神頭祿。乃包結秀英之木。喜于生旺。忌見金多。得土水相乘。爲物之貴。二者各

旺、而不得水。亦爲奇特之才。不嫁官鬼取甲爲財

壬戌祿官順乃杳冥之水。喜于死敗。要土之擊發。則能博施之功及物也。以氣自守持祿亦榮

癸亥神頭祿。乃始進成終之水。喜逢貴地。忌在祿鄉。三元相反。福慶自然。蓋其爲用也大而廣。故不可以守常爲尚。須升而爲雨霧。散而爲江河。乃爲大用也。

此六十位五行支干相乘。要分輕重。答金溺水下火出水上木不得全之所制，木無成也。如甲子乙亥是也。金溺水下火出水上金不得火之所制。金無成也。如辛亥之金是也。夫如是而推伏現之情。則造化之機自理。鬼谷子以此十二音五行分輕重之用以推通變之妙者尚恐人執守方隅故言稍顯隱可測造化之微也

本家貴人全者。如甲人有戊有庚有丑有未、是也。大貴人如甲人得丁丑辛未。又其次也。蓋甲年丑上遁得丁未上遁得辛是也。更有一種貴人亦爲福甚重。得者必貴。甲戌庚得乙丑癸未。乙得庚子戊申。己得丙子甲申。丙丁得丁酉乙亥。壬癸得乙卯癸巳。六辛得丙寅戊午是也。甲陽木戊陽土庚陽金皆喜土位而未得土之正位丑

者土之安靜之地。故以牛羊爲貴。然細分之。則甲尤喜未。庚尤喜丑。各歸其庫也。戊子戊寅戊午喜丑。丑者火人胎養之鄉。戊辰戊申戊戌喜未。未者本人之庫。土人生旺之地也。乙者陰木。己者陰土也。陰土喜生旺。陰木喜陽水。所以鼠猴爲貴。然乙尤喜申。申者木之絕鄉也。己尤喜子。子者坤之正位也。丙丁屬火。火墓在戌。壬癸屬水。水墓在辰。辰戌爲魁罡之地。貴人所不臨。故尋寄火貴于酉亥。寄水貴于卯巳。皆歸靜復之鄉。六辛陰金。喜陽火生旺之地。故以馬虎爲貴。雖然宜以納音互換推尋。須皆和則其貴爲福。若丙寅火得酉。則火至此熄。焉足爲貴哉。（珞琭）

天乙貴人者。三命中最吉之神也。若人遇之。主榮名早達。官祿易進。若更三命皆乘旺氣。終登將相公卿之位。大小運行年至此。亦主遷官進財。一切加臨至此。皆爲吉兆。（三命指掌）

論貴神優劣。　乙丑文星貴神。　乙未華蓋貴神。（截路空亡）丁未退神。羊刃貴神。（一云中吉）己未羊刃貴神。（一云牛吉）辛未華蓋貴神。（一云空亡大敗）癸未伏神。華蓋貴神。（已上甲戊庚人月日時貴神）甲子進神貴神。丙子交神貴神。戊子伏神貴神。庚子德合貴神。壬子羊刃貴神。甲申截路空亡貴神。（一云牛吉）丙申大敗貴神。戊申伏馬貴神。庚申建祿馬貴神。壬申大敗貴神。（一云牛吉）（已上乙己人月日時貴神）乙酉破祿貴神。丁酉喜神貴神。（一云大敗）己酉進神貴神。辛酉建祿交貴神。癸酉伏神貴神。（一云吉）乙亥天德貴神。丁亥文星貴神。（已上丙丁人月日時貴神）甲午進神貴神。丙午交羊刃貴神。（一云牛吉）戊午伏羊刃貴神。庚午文星截路貴神。（一云牛吉）壬午祿旺氣貴神。甲寅文星建祿貴神。丙寅文星貴神。戊寅伏馬貴神。庚寅破祿馬貴神。壬寅截路貴神。（已上六辛人月日時貴神）乙卯天喜貴神。丁卯截路貴神。（一云牛吉）己卯進神貴神。辛卯交破祿貴神。癸卯旺祿貴神。乙巳正祿馬貴神。丁巳九天祿庫貴神。己巳九天祿馬庫貴神。辛巳截路貴神。（一云牛吉）癸巳伏馬貴神。（已上癸壬人月日時貴神）凡如此已上貴神若與祿馬同巢。不犯交退伏神。支干相合者。定須官高職清。若無德。更值空亡。交退伏神。五行無氣。至死不貴。緊要在月日時支干相合。則爲吉。不然乃庸常流也。（並同金得命訣）此格有三。干合爲上。支合次之。無合者又次之。如甲子己未。此爲上格。蓋甲己合也。無死絕衝破空亡。更有福神助之。當極一品之貴。蓋有死絕爲鄙吝殺也。如有死絕衝破空亡之類。只作正郎員郎。然多難無福耳。如戊子己丑。此爲次格。若無死絕衝破空亡。須作兩制兩省。少年登科。當居淸要華近之選。更有福神相助。爲兩府矣。有死絕。卽減作正郎員郎。亦須有職名。若有衝破空亡。只作一多難州縣官。晚年得至朝官極矣。如辛未庚寅。此爲第三等。若無死絕衝破空亡。卽作正郎卿監。少達歷淸要差遣。更有福神爲之助。往往爲兩制矣。若有死絕。只作員郎京朝官。更有衝破空亡。平生多難。只作州縣卑冗之官。縱得改官易口。壽不永矣。（林開五命）紫虛局。貴人交互人多貴。旺氣相乘館殿貧。切莫五行傷着主。令人閒地冷淸虛。（寸珠尺璧凡日月時互換見貴太歲不帶者不貴）貴合貴食。有貴合。則官位穹崇。所作契合。有貴食。則祿豐足。所成過望。如甲戌庚貴在丑未。甲得巳丑巳未。戊得癸丑癸未。庚得乙丑乙未。乙己貴在申子。乙得庚子庚申。巳得甲子甲申。丙丁貴在亥酉。丙得辛酉辛亥。丁得壬寅壬辰。如此之類謂之貴合。甲食丙。乙食丁。丙丁貴在酉亥。甲得丙寅丙辰。乙得丁酉丁亥。庚食壬。辛食癸。壬癸貴在卯巳。庚得壬申壬戌。辛得癸卯癸巳。如此之類謂之貴食。有貴合則官多稱意。有貴食則祿多稱意。二者兼之官高祿重。無往不利。（閻東叟書）天乙貴神合者。謂天乙在貴神亦合上是也。甲戊庚在子午。乙巳在丑巳。丙丁在寅辰。壬癸在申戌。辛在亥未。皆主大福。遇兩合以上者主貴。（三命提要）

李虛中命書卷上終

洪載

文苑

●文

佛日樓詩始奏集序

衆難

始奏集者吾友合肥李君駿僧三十以前之作也余自束髮酷嗜歌咏光宣末葉委身黨籍奮然以革新自任旁騖既繁茲事幾廢民主以來四郊多壘則數數出入兵間爲諸侯客子行篋所積頗私喜得江山助歲甲子秋于役海上每與駿僧以唐人祿命之學資爲談柄時或論詩始獲盡讀駿僧所作諷誦再三竊歎非余之捫籥刻燭所可同日語越一年再見於滬瀆君詩境益深造其初取徑韓孟兀傲排宕往往神似近吏浸淫玉谿偶及姚合蛻浮膚攄新意發以奇抱釀於學力散原海藏諸老

宿皆傾服驚羨歎爲能直追古人卓然自成一家者矣駿僧雋才天授風格早成朋輩有以吾宗暾谷晚翠軒集相譽者抑知晚翠雖亦冠歲得名而詩境局於誠齋駿僧則高詣蒼格氣象萬千晚翠遘難早世華而未實駿僧則襟期遠大來軫方遒其詩與人皆非所當擬君累代貂珥獨不喜矜持門閥而有以自見昔留侯相韓未嘗一託父兄餘蔭廣自結納卒成佐漢之業余欲駿僧爲民國之留侯不欲其爲遜清之晚翠茲集其嚆矢也世變日亟駿僧勉之矣

●詩

兵戈行示鮑際唐縣長

孝潛

粵自辛亥兵刼開海宇殘燬驚飛灰合肥何恃幸再免得二賢宰支傾頹戈矛攢集見袁鮑（袁縣長體明前知合肥縣事擊退大刀會匪旋擢淮泗道尹）此眞健者餘凡才六州前歲陷土寇吏士虐衆禍所胎黠者

挾衆復東略黑夜蟻附南城隈彈火怒發毒燄合萬家坐慮遭燔熼袁公先出西集
士衛兩徑卒貔貅回前鋒相接迅電激壓境狼豕崩驚雷功成超拔莅淮泗墨吏閒
出恣求財（某令權知合肥縣事有貪墨聲）掊克斂怨久乃退眼底突兀來雄魁昨者乘城卻舒寇（鮑知事前知舒城縣事迺六州會匪分股
來攻君以少禦衆卒解其圍）大名傳播及提孩下車里巷歡走告預慶生意回枯荄南北戈旗忽交迫江
淮駭浪高崔巍此邦先隸南旗下北士奔赴爭喧豗指揮萬衆圍四合滅此會食毋
徘徊巨礮震天山嶽動翔空機艇驚耆鮐居民四竄保殘喘孤城岌岌垂崩摧將軍
崛起王與馬（王金韜馮祥斌兩軍同守合肥）橫刀殺敵勇且材君持一誠通情欵協力禦侮泯嫌猜懸金賚
搏廿晝夜狂寇空爾遑陪鰓大軍數道越江至羣醜飄散如烟埃微聞夷騎蹂村野
（晉軍雖有敗騎殺掠甚酷）兵死白骨何皚皚腹心幸全支體碎刼餘酸痛誰能裁人事顛倒多變態何
異寒暑相盪推袁公去職走滬海鸞鵠高舉難攀陪頗疑碧翁厚我里獨留賢者弭
凶災更蘄長此作保障庶幾遺子承饒培日暮登高望八極烟塵澒洞昏樓臺萬方

急難國士少仰天長嘯悲風來

丁卯三月往上海行未數日鄉里重被兵災追記其事用抒憂慨　前人

南園花事繁(合肥南城多園林為一邑勝境)今春無顏色兵氛忽被境遐邇遭燔虐我初去敝廬戎機伏未作舟行越巢湖風信來日惡登山望烽火歸路阻蛟鱷閒關抵滬江鄉思坐纏縛書來述戰史痛定淚仍落吾邑彈丸地南向先有託敵軍利吾虛虎視徑前攫驅衆號十萬勢欲飽屠掠排空飈輪迴巨彈洞危郭高下毒火攻俄頃懼爍鑠城空居無人山莊寄稚弱(眷口先避往西鄉周氏齊壹山莊)突騎騁俄夷仇視快一斫轉徙達三河水國暫棲泊(俄騎至西鄉眷口再
往三河鎮)吾黨有方子青皋嗔孤鶴推愛及婦孺眞意彌廣莫(眷口至三河及門士方汝南除屋相容)危城終莫撼堅恃如崇崿將吏工設防乘閒復出搏久之凶燄熄脆若風掃籜豺虎遠遁竄閭里暫甯廓兒女奉祖歸老屋益蕭索園圃穢不治未易飽藜藿將士久用命糈餉窮支度輸財問四民黽勉紛解橐嗟余生事微賣文濟窮約百金數非巨重負邱山若煩憂欲

自愬誰復諒廉謗鄙吝夙所惡瓶罄仍傾酌五十體未僊甯遽塡溝壑事過慶生全
巢燕嬉危幕余獨抱苦心啼笑兩無著含悽歌莨楚欲羨無家樂

棨雛

安適簃詩

雪後感興

玉雪參差壓女牆梅邊負手愛晨光元知忍凍鬬芳事漸覺銜寒有暗香擇木羽毛容自惜蟠泥鱗甲亦何傷殘年風味江鄉好橘柚登盤又一場

舊歷除夕漢口德明飯店坐雨

雨中獨客過除夕江上新春入鼓鼙三十三年遲暮意此懷只有枕函知斷續時聞爆竹聲湘波楚岫不勝情南來小試屠龍手仗策中原在此行

舊歷元宵信陽軍次有懷駿僧昆季

輕陰如霧幕林端柳未成花馬不鞍一綠盈盈涵雪意千紅寂寂釀春寒兵間節物

成孤負海上朋尊隔二難却望兩河氛祲迫幾家燈月得團圞

抱冰堂觀梅

抱冰堂畔數株梅飄盡晴香換刼灰祗有樹光長不滅萬鴉城郭照銜杯

過江訪劍秋

江漢相望一葦航結廬鑿徑似吾鄉幾人得似翁從事堅苦兵間說武昌

黃鶴樓感事寄組菴

少年意態幾消磨憂患中年漸漸多樓與春山爭一岸江迴楚雨起千波末花樹氣闌寒暖新霽漁家換笠簑風景不殊城郭異眼中陶侃更如何

春怨

滿意尋春春又非江風海雨損芳菲沾泥墜絮渾無主掠水流鶯己亂飛點綴新妝矜鬢樣纏綿舊恨減腰圍輕寒乍暖誰能料準擬花時稱夾衣

壽飲光三十初度

滄桑惜取少年身一往流光隔幾塵此士了無門閥氣諸昆同是性情人詩成燕喜剛梅雨易戩龍潛各海濱好與吳淞留掌故朋簪侯命日方新

飲光

佛日樓詩

納海集

立夏日侍　家大人攜酒周梅泉丈巢園邀陳散原朱古微鄭海藏吳鑑泉徐積餘夏劍丞袁伯夔李拔可江孝潛諸老及梅丈看杜鵑海藏明日將北行因次梅丈賞櫻元韻贈別兼呈諸老

納海襟期擁萬葩園開丘壑穩蟲沙移尊盤礴忘賓主秉燭鬚眉影鬢華袖手能豪神所勞危冠可溺道非誇詩翁明發隨春去莫惜流霞促夜笳（時街禁甚嚴）

客至有所需去而暴雨鬱蒸益甚悶成一絕示培兒

蕩瓦飄林勢已奇。不收煩暑更侵幃。癡兒悔作雲霓望。奪扇爭誇未雨時。

戈登路大華園舞場啜茗

挾雨銀箏作水流。冰盤分酪點茶甌。胡牀不發山林夢。坐領塵闤五月秋。

眉蟾吐鬢柳絲絲。幻影銀燈浸碧池。欲譜新詞喚三變。曉風殘月按歌時。

雨過蛙聲大作竟夕不寐

閣閣初宜雨。耘耘總及時。沸宵如有呰。勞夢不成詩。漏永吾能默。窗虛日可窺。勝天同藕孔。番喜亂筎吹。

三十生日太平寺訪印光上人

起看兒女試新衣。始覺尊前意氣非。不信好春成畹晚。空傳綺語闢嘲譏。安心小刼迷幡動。縮手旁人笑道肥。（衆雖推余命謂新運甚佳）粥飯。馴鐘慚睡鴿。連宵穩夢刺天飛。

◉詞

拈𠌶詞

洪叡

菩薩蠻

拈𠌶卻把微醒解鬖開無那朱顏改惆悵倚欄干心情欲語難風絲吹不定柳岸鴉翻暝往事已如煙閒愁落照邊

蝶戀𠌶

誰道春風吹似翦未翦陳愁更把新愁展和雨和煙渾不辨染來碧柳眉深淺燕子莫嗟𠌶落徧依舊年年𠌶發還如霰珍惜餘芳重繾綣殘紅迴舞深深院

臨江仙 生日寫懷

梁燕語闌春草草一庭烟雨如醒尊前壘塊總難平情搖飛絮亂愁迴落𠌶輕枕劍聽雞人海外可堪滿目流橫天公此日醉耶醒未知生我意投袂叩青冥

浣谿沙

搖落山河幾度秋。西風吹斷古今愁。斜陽無語掛簾鉤。　過眼韶光如覆水。駐顏何處問浮丘。祇宜長醉綠瓊甌。

又

香絮飄零柳鬢殘。一鉤新恨隱眉彎。多情猶有月相關。　幾處夢迷金屈戍。獨醒愁傍玉闌干。人間風露不勝寒。

寱音詞　　　　　　　　　　　　　　　　　　　　　　　　　　　　　　　　　　　欱光

阮郎歸

蜜蜂

抱香侵露叩春簾。嫩黃羞未撏。芳心儘與辨中邊。休疑恣口甜。　鶯蟯夢下翩躚。含情咽管絃。瘦腰偏傍沈郎嫣。惹伊同樣憐。

賀新涼

雨後寄外舅盤溪效稼軒體

一枕推殘暑問丈人萬戶通侯可封此雨散髮溪樓風入骨吹了閒愁幾縷祇莫引傷秋悲賦叉手詩襟雲海闊拍闌干心逐高鴻舉望遠氣忞公吐　閉門半載膠門路鎖蘭成鏡顏憔悴帶寬多許都道銷愁宜蠟屐爭奈驢疲客去但藥裏書籤無緒不管庭凄梧葉碎更繩牀悉璺聲聲訴鉤人月儘眉嫵

觀瀑詞

庚白

浪淘沙

秋思

秋雨黯生涼單枕江鄉琴歌只隔小紅牆待覓曉來無限意奈又昏黃　林際幾斜陽銷盡秋光一燈樓角暗迴腸樓外綠陰閒數遍獨自思量

投稿簡章

一．來稿文體不拘文言白話均所歡迎
二．來稿望繕寫清楚
三．稿未請註明姓名住址以便通信至揭載時如何署名聽投稿者自定
四．來稿揭載與否本苑不能預覆原稿亦概不檢還惟長篇在五千字以上者如未揭載得以預先聲明並附寄郵資寄還原稿
五．來稿俟揭載後酌致薄酬如下
(甲) 每篇酬現金五元至五十元
(乙) 酌酬本苑刊物
(丙) 尤以關係之稿特別從優議酬
六．來稿揭載後其酬報之額本苑酌定不預先函商若投稿人欲自定數目者請於寄稿時聲明
七．來稿經揭載後其著作權卽爲本苑所有若本苑尙未揭載已先在他處發布者恕不致酬
八．來稿本苑得酌量增删之但投稿人不願他人增删者可於投稿時預先聲明
九．投稿者請寄上海威海衛路命學苑編纂處

廣告價目表

等第	地位	全面	半面	四分之一
特別	封面之內面	三十元		
優等	封面底面之內面對面　正文首篇之對面	二十四元	十四元	
上等	圖畫中及首篇以外正文前後之對面	二十元	十二元	七元
普通	正文中　正文後	十六元	九元	六元

廣告概用白紙黑字　如用色紙或彩印價目另議

繪圖刻圖工價另議　連登多期價目從廉

欲知詳細情形請至本苑接洽　遠地函詢卽

行奉復

民國十六年十月
夏歷丁卯九月　初版

▲新命▼第一集

每冊定價大洋壹[illegible]

編輯者　命學苑編纂處

發行者　命學苑　上海威海衛路

駝齋批命收件處

占筮類			
1	擲地金聲搜精秘訣	心一堂編	沈氏研易樓藏稀見易占秘鈔本
2	卜易拆字秘傳百日通	心一堂編	
3	易占陽宅六十四卦秘斷	心一堂編	火珠林占陽宅風水秘鈔本
星命類			
4	斗數宣微	【民國】王裁珊	民初最重要斗數著述之一；未刪改本
5	斗數觀測錄	【民國】王裁珊	失傳民初斗數重要著作
6	《地星會源》《斗數綱要》合刊	心一堂編	失傳的第三種飛星斗數
7	《斗數秘鈔》《紫微斗數之捷徑》合刊	心一堂編	珍稀「紫微斗數」舊鈔秘本
8	斗數演例	心一堂編	
9	紫微斗數全書（清初刻原本）	題【宋】陳希夷	斗數全書本來面目；有別於錯誤極多的坊本
10-12	鐵板神數（清刻足本）——附秘鈔密碼表	題【宋】邵雍	無錯漏原版 秘鈔密碼表　首次公開！
13-15	蠢子數纏度	題【宋】邵雍	蠢子數連密碼表 打破數百年秘傳　首次公開！
16-19	皇極數	題【宋】邵雍	清鈔孤本附起例及完整密碼表 研究神數必讀！
20-21	邵夫子先天神數	題【宋】邵雍	附手鈔密碼表 研究神數必讀！
22	八刻分經定數（密碼表）	題【宋】邵雍	皇極數另一版本；附手鈔密碼表
23	新命理探原	【民國】袁樹珊	子平命理必讀教科書！
24-25	袁氏命譜	【民國】袁樹珊	
26	韋氏命學講義	【民國】韋千里	民初二大命理家南袁北韋
27	千里命稿	【民國】韋千里	北韋之命理經典
28	精選命理約言	【民國】韋千里	
29	滴天髓闡微——附李雨田命理初學捷徑	【民國】袁樹珊、李雨田	命理經典未刪改足本
30	段氏白話命學綱要	【民國】段方	民初命理經典最淺白易懂
31	命理用神精華	【民國】王心田	學命理者之寶鏡

32	命學探驪集	【民國】張巢雲	發前人所未發 稀見民初子平命理著作
33	澹園命談	【民國】高澹園	
34	算命一讀通——鴻福齊天	【民國】不空居士、覺先居士合纂	
35	子平玄理	【民國】施惕君	
36	星命風水秘傳百日通	心一堂編	
37	命理大四字金前定	題【晉】鬼谷子王詡	源自元代算命術
38	命理斷語義理源深	心一堂編	稀見清代批命斷語及活套
39－40	文武星案	【明】陸位	失傳四百年《張果星宗》姊妹篇 千多星盤命例　研究命學必備
相術類			
41	新相人學講義	【民國】楊叔和	失傳民初白話文相術書
42	手相學淺說	【民國】黃龍	民初中西結合手相學經典
43	大清相法	心一堂編	重現失傳經典相書
44	相法易知	心一堂編	
45	相法秘傳百日通	心一堂編	
堪輿類			
46	靈城精義箋	【清】沈竹礽	沈氏玄空遺珍 玄空風水必讀
47	地理辨正抉要	【清】沈竹礽	
48	《玄空古義四種通釋》《地理疑義答問》合刊	沈瓞民	
49	《沈氏玄空吹虀室雜存》《玄空捷訣》合刊	【民國】申聽禪	
50	漢鏡齋堪輿小識	【民國】查國珍、沈瓞民	
51	堪輿一覽	【清】孫竹田	失傳已久的無常派玄空經典
52	章仲山挨星秘訣（修定版）	【清】章仲山	章仲山無常派玄空珍秘 門內秘本首次公開 沈竹礽等大師尋覓一生末得之珍本！
53	臨穴指南	【清】章仲山	
54	章仲山宅案附無常派玄空秘要	心一堂編	
55	地理辨正補	【清】朱小鶴	玄空六派蘇州派代表作
56	陽宅覺元氏新書	【清】元祝垚	簡易・有效・神驗之玄空陽宅法
57	地學鐵骨秘　附　吳師青藏命理大易數	【民國】吳師青	釋玄空廣東派地學之秘
58－61	四秘全書十二種（清刻原本）	【清】尹一勺	玄空湘楚派經典本來面目 有別於錯誤極多的坊本

91	地學形勢摘要	心一堂編	形家秘鈔珍本
92	《平洋地理入門》《巒頭圖解》合刊	【清】盧崇台	平洋水法、形家秘本
93	《鑒水極玄經》《秘授水法》合刊	【唐】司馬頭陀、【清】鮑湘襟	千古之秘，不可妄傳匪人
94	平洋地理闡秘	心一堂編	雲間三元平洋形法秘鈔珍本
95	地經圖說	【清】余九皋	形勢理氣、精繪圖文
96	司馬頭陀地鉗	【唐】司馬頭陀	流傳極稀《地鉗》
97	欽天監地理醒世切要辨論	【清】欽天監	公開清代皇室御用風水真本
三式類			
98－99	大六壬尋源二種	【清】張純照	六壬入門、占課指南
100	六壬教科六壬鑰	【民國】蔣問天	由淺入深，首尾悉備
101	壬課總訣	心一堂編	過去術家不外傳的珍稀六壬術秘鈔本
102	六壬秘斷	心一堂編	
103	大六壬類闡	心一堂編	
104	六壬秘笈——韋千里占卜講義	【民國】韋千里	六壬入門必備
105	壬學述古	【民國】曹仁麟	依法占之，「無不神驗」
106	奇門揭要	心一堂編	集「法奇門」、「術奇門」精要
107	奇門行軍要略	【清】劉文瀾	條理清晰、簡明易用
108	奇門大宗直旨	劉毗	天下孤本　首次公開 虛白廬藏本《秘藏遁甲天機》
109	奇門三奇干支神應	馮繼明	
110	奇門仙機	題【漢】張子房	奇門不傳之秘　應驗如神
111	奇門心法秘纂	題【漢】韓信（淮陰侯）	
112	奇門廬中闡秘	題【三國】諸葛武侯註	
選擇類			
113－114	儀度六壬選日要訣	【清】張九儀	清初三合風水名家張九儀擇日秘傳
115	天元選擇辨正	【清】一園主人	釋蔣大鴻天元選擇法
其他類			
116	述卜筮星相學	【民國】袁樹珊	民初二大命理家南袁北韋
117－120	中國歷代卜人傳	【民國】袁樹珊	南袁之術數經典